성벽 / 헌사

저자

오장환(吳章煥, Oh Jang-Hwan, 1918.5.5~1951.6) _ 1918년 충북 보은에서 출생하였으며, 1931년 휘문고등보통학교에 입학, 정지용으로부터 시를 배웠다. 1934년 일본의 지산(智山)중학교에 전입, 1937년 명치대학 전문부 문과 문예과 별과에 입학하였으나 1938년에 중퇴한 후 귀국하였다. 1933년 『조선문학』에 「목욕간」을 발표하면서 작품 활동을 시작하였으며, 1937년 '자오선' 동인으로 참가한다. 1937년 첫 시집 『성벽』이 간행되었으며, 1939년 두 번째 시집 『헌사』가 출판되었다. 해방 후 조선문학가동맹에 참여하여 활동하였다. 1946년 번역시집 『에세-닌 시집』을 출판하였으며, 1946년 시집 제4시집 『병든 서울』을, 1947년 제3시집 『나 사는 곳』을 출간하였다. 1947년 12월경 월북, 1948년 병 치료차 모스크바로 갔다가 1949년 귀국하였다. 1950년에 소련 기행시편을 수록한 시집 『붉은 기』가 출간되었다. 1951년 지병인 신장병으로 사망하였다.

편저자

이기성(李起聖, Lee Ki-Sung) _ 이화여자대학교 국어국문학과와 동 대학원 졸업. 저서로는 연구서 『모더니즘의 심연을 건너는 시적 여정』이 있으며, 시집 『불쑥 내민 손』, 『타일의 모든 것』, 평론집 『우리, 유쾌한 사전꾼들』을 출간하였다.

성벽 / 헌사

초판 인쇄 2015년 6월 15일 **초판 발행** 2015년 6월 20일
지은이 오장환 **엮은이** 이기성 **펴낸이** 박성모 **펴낸곳** 소명출판 **출판등록** 제13-522호
주소 서울시 서초구 서초중앙로6길 15, 1층
전화 02-585-7840 **팩스** 02-585-7848 **전자우편** somyong@korea.com **홈페이지** www.somyong.co.kr

값 9,000원 ⓒ 이기성, 2015

ISBN 979-11-85877-92-1 04810
ISBN 979-11-85877-77-8(세트)

잘못된 책은 바꾸어드립니다.
이 책은 저작권법의 보호를 받는 저작물이므로 무단전재와 복제를 금하며,
이 책의 전부 또는 일부를 이용하려면 반드시 사전에 소명출판의 동의를 받아야 합니다.

이 저서는 2005년 정부의 재원으로 한국연구재단의 지원을 받아 수행된 연구임(NRF-2005-078-AM0029).

민족문학사연구소 정본총서 05

성벽 / 헌사
城壁　獻詞

원본비평연구

오장환 저
이기성 편

소명출판

발간사

　'사상누각(沙上樓閣)'이란 말이 있다. 이는 모래 위에 집을 짓는 일이 얼마나 위험한가를 알려주는 경구(警句)다. 달리 말해서 기초가 부실하면 제 아무리 뛰어난 연구라도 아무 소용이 없는 일이 될 수 있다는 것이다. 문학 연구에서 원전비평이 필요한 이유도 이와 같다고 하겠다.
　이같은 취지에서 출발하여 오랜 연구과정을 거쳐 펴내는 이 총서는 인하대학교 한국학연구소와 민족문학사학회(민족문학사연구소)가 컨소시엄을 구성하여 2005년 한국학술진흥재단(현 한국연구재단)에서 시행한 기초학문육성 인문사회분야 지원 사업에서 2005년 9월부터 2008년 8월까지 3년간 중형과제로 선정되어 수행한 연구결과물이다. 그 사업의 연구과제명은 '식민지 시대 주요 한국문학 작품의 정본화를 위한 기초자료 조사 및 원본비평 연구'로서, 시 분야에서는 시집을 중심으로 만해 한용운부터 노천명까지 10여 명의 시인들을, 소설 분야에서는 장편소설을 중심으로 하되 염상섭의 『삼대』부터 김동리의 단편소설까지 역시 10여 명의 소설가들을 연구대상으로 삼았다.
　이 연구의 과정은 주어진 연구기간 동안 큰 문제점 없이 진행되어 그 결과보고서를 지정된 기한 내에 한국학술진흥재단에 제출함으로써 순조롭게 마무리되었다. 그러나 연구결과물을 자료집(저서)의 형태로 출간하는 데는 예상치 못한 난관들로 인해 부득이 늦어지게 되어 아쉬움이 없지 않다. 게다가 정지용과 같은 몇몇 중요한 문인들의 작품들이 함께 출간되지 못한 것도 유감스러운 일이다. 다 좋은 결과가 이루어지기를 바라는 마음에서 비롯된 것이니, 이제 와서 누구를 탓할 수도 없다. 아무튼 뒤늦게나마 그 결과를 이렇게 묶어내게 되어 한편으론 매우 다행스럽다.

이 총서의 결과는 여기에 참여한 모든 연구자들이 공동으로 져야 할 몫이지만, 그래도 누구보다 가장 큰 책임은 개별 과제를 떠맡았던 연구자 각 개인에게 있다고 할 것이다. 아울러 이 연구물들이 향후 한국문학 연구의 진정한 디딤돌이 되기를 바라마지 않는다.

머리말

　오장환은 프로문학의 퇴조와 모더니즘의 피로감으로 물들기 시작한 1930년대 후반의 대표적 시인이다. 이 시기의 오장환이 대면한 것은, 근대에의 열망에 추동된 진보의 낙원이 아니라 이성과 합리성의 이념으로 무장한 계몽의 피로한 얼굴이었다. 그의 시집 『성벽』과 『헌사』에는 봉건적 세계에 대한 부정과 근대에 대한 환멸의 자의식이 표현되어 있다. '성벽'으로 상징되는 전통을 부정하고 고향을 떠난 후, 항구를 유랑하다 귀향하는 일련의 서사 구조는 이러한 시적 정서를 일구어내는 밑그림으로 작용한다. 유랑과 귀환의 서사를 통해서 오장환은 도회적 정조에 깊이 침윤된 모던 보이들의 후예이기를 거부하면서, 오직 미적 주체로서의 자아에 대한 강한 의지를 표명하고 있다. 이런 점에서 그의 시집 『성벽』과 『헌사』는 1930년대 후반의 미학적 인식이 도달한 임계점을 보여주는 주요한 지표가 된다. 우리가 이 시집들을 정밀하게 읽어야 하는 것은 이러한 까닭이다.
　오장환의 시집을 처음 본 것은 해금 직후에 발간된 창비판 『오장환 시전집』(1989)이었다. 어두운 녹색 장정의 시집의 표지가 인상적인 시집이었다. 그리고 이후 영인본으로 만나게 된 『성벽』과

『헌사』의 초판본 활자체는 낯선 매력을 담고 있었다. 이렇듯 텍스트의 물질성은 한 시인의 시 세계와 마주치는 순간의 이정표와도 같은 것이다. 그런데 시인의 손에서 떨어져 나온 시 혹은 시집은, 그 순간부터 크고 작은 변화를 겪게 된다. 이러한 변형의 운명 속에서 텍스트의 원형을 보존하는 것은 텍스트에 생명을 불어 넣는 것과 같은 일이라 할 수 있다. 시집의 정확한 판본을 복원하고 이를 보존하는 것은, 시인을 향한 후학들의 예의이자 애정의 표현이며, 앞으로 그의 시를 읽게 될 독자들에 대한 배려가 될 것이다.

본 정본화 연구에서는 시인이 발표한 원고와 초판본 시집 그리고 시인 사후에 출간된 다양한 판본들을 각각 비교, 대조하는 과정을 거쳐서 『성벽』과 『헌사』의 정본을 구축하였다. 『원본비평연구 성벽 / 헌사』가 오장환의 시에 대한 독자들의 정확한 이해를 돕고, 그의 시를 향유하는 데 도움이 되기를 바란다. 다만, 이 시집에서 다양한 판본의 비교 과정이 생략되어 독자들이 텍스트의 변천 과정을 직접 확인할 수 없게 되어 아쉬움이 남는다. 정본화 과정에서 드러난 텍스트의 변형과 복원의 원칙 및 중요한 복원 사항은 이 책의 말미에 덧붙이기로 하였다.

그간 많은 선학들의 노고 어린 손길에서 오장환의 시집과 전집들이 출간되었다. 우리 문학사에서 잊힌 이름이었던 오장환의 이름을 복각하고, 그의 아름다운 시편들을 독자들에게 전해 줄 수 있었던 것은 모두 그분들의 열정 덕분이다. 『원본비평연구 성벽 / 헌사』를 펴낼 수 있게 된 것 역시 선학들의 노고에 기대지 않았으면

불가능했을 것이다.
출간을 위해 애써주신 소명출판에 깊은 감사를 드린다.

2015년 5월
이기성

목차

발간사 3 / 머리말 5

성벽

월향구천곡(月香九天曲) 11
여수(旅愁) 15
해항도(海港圖) 16
어포(魚浦) 18
황혼 19
성벽(城壁) 21
전설 22
온천지 23
매음부(賣淫婦) 24
고전(古典) 25
어육(魚肉) 26
독초(毒草) 27
향수 28
경(鯨) 30
화원(花園) 31
우기(雨期) 32
모촌(暮村) 33
병실 34
호수 36
성씨보(姓氏譜) 38
역(易) 39
해수(海獸) 40

해제 49

헌사

할렐루야 63
심동(深冬) 65
나의 노래 66
석양(夕陽) 68
체온표(體溫表) 69
The Last Train 71
무인도 72
헌사(獻詞) Artemis 74
싸느란 화단 76
북방(北方)의 길 78
상렬(喪列) 79
영원한 귀향 80
영회(咏懷) 81
적야(寂夜) 83
나폴리의 부랑자 84
불길한 노래 86
황무지 88

해제 97

성벽
城壁

월향구천곡(月香九天曲)[1]
―슬픈 이야기

오랑주[2] 껍질을 벗기면,
손을 적신다.
향내가 난다.

점잖은 사람 여러이 보이인 중에 여럿은 웃고 떠드나
기녀(妓女)는 호올로
옛 사나이와 흡사한 모습을 찾고 있었다.

점잖은 손들의 전하여오는 풍습엔
계집의 손목을 만져주는 것,
기녀는 푸른 얼굴 근심이 가득하도다.

---

1   본 연구에서 오장환의 『성벽』(아문각, 1947)을 저본으로 삼고, 다음의 판본을 비교하여 정본화 작업을 진행하였다. ① 원 발표문, ② 초간본 : 『성벽』, 풍림, 1937(이하 풍림 본), ③ 재판 : 『성벽』, 아문각, 1947(이하 아문각 본), ④ 최두석 편, 『오장환 전집』 1 창작과비평, 1989(이하 최두석 본), ⑤ 김재용 편, 『오장환 전집』, 실천문학사, 2002(이하 김재용 본), ⑥ 김학동 편, 『오장환 전집』, 국학자료원, 2003(이하 김학동 본).
    이 시는 시집 『성벽』(풍림, 1937)에 처음으로 수록되어 원 발표문이 없다.
2   오랑주 : '오렌지'의 불어식 발음. 원 발표문의 어감을 살려 그대로 두었다.

하얗게 훈기는 냄새
분 냄새를 지니었도다.

옛이야기 모양 거짓말을 잘 하는 계집
너는 사슴처럼 차디찬 슬픔을 지니었고나

한나절 태극선 부치며
슬픈 노래, 너는 부른다
좁은 보선[3] 맵시 단정히 앉아
무던히도 총총한 하루하루
옛 기억의 엷은 입술엔
포도물이 젖어 있고나.

물고기와 같은 입 하고
슬픈 노래, 너는 조용히 웃도다

화려한 옷깃으로도
쓸쓸한 마음은 가릴 수 없어
스란치마 땅에 끄을며 조심조심 춤을 추도다.

---

3 보선 : 버선.

순백하다는 소녀의 날이여!
그렇지만
너는 매운 회초리, 허기 찬 금식(禁食)의 날
오- 끌리어 왔다.[4]

슬픈 교육, 외로운 허영심이여!
첫 사람의 모습을 모듬[5] 속에 찾으려 헤매는 것은
벌써 첫 사람은 아니라
잃어진 옛날로의 조각진 꿈길이니
바싹 마른 종아리로
시들은 화심(花心)에
너는 향료를 물들이도다.

슬픈 사람의 슬픈 옛일이여!
값진 패물로도
구차한 제 마음에 복수는 할 바이 없고
다 먹은 과일처럼 이 틈에 끼어
꺼치거리는[6] 옛사랑

---

4 풍림 본에는 이 구절 뒤에 "당기꼬리와함께"가 삽입되어 있으나, 아문각 본에서부터 빠졌다. 여기서는 아문각 본에 따라 표기하였다.
5 모듬 : '모임'의 잘못.
6 꺼치거리는 : '꺼칫거리다'의 의미로 보인다. '꺼칫거리다'는 살갗 따위에 자꾸 닿아 걸리거나, 순조롭지 못하게 자꾸 방해가 된다는 뜻이다.

오– 방탕한 귀공자!
기녀는 조심조심 노래하도다. 춤을 추도다.

졸리운 양, 춤추는 여자야!
세상은
몸에 이익하지도 않고
가미(加味)를 모르는 한약처럼 쓰고 틉틉하고나.[7]

---

7 틉틉하다 : 액체가 맑지 아니하고 농도가 진하다.

여수(旅愁)

여수에 잠겼을 때, 나에게는 죄그만 희망도 숨어버린다.[8]
요령처럼 흔들리는 슬픈 마음이여!
요지경 속으로 나오는 좁은 세상에 이상스러운 세월들
나는 추억이 무성한 숲 속에 섰다.

요지경을 메고 다니는 늙은 장돌뱅이의 고달픈 주막꿈처럼
누덕누덕이 기워진 때묻은 추억,
신뢰할 만한 현실은 어디에 있느냐!
나는 시정배[9]와 같이 현실을 모르며 아는 것처럼 믿고 있었다.

괴로운 행려 속 외로이 쉬일 때이면
달팽이 깍질 틈에서 문밖을 내다보는 얄미운 노스탤지어[10]
너무나, 너무나, 뼈 없는 마음으로
오— 너는 무슨 두 뿔따구[11]를 휘저어보는 것이냐![12]

---

8 아문각 본에는 '숨어린버다.'로 되어 있는데, 이는 '숨어버린다'의 오식으로 보인다.
9 시정배 : 시정아치. 시장에서 장사하는 사람의 무리.
10 원 발표문(『조선일보』, 1936.10.13)에는 '노스타르자'로 되어 있으나, 일어식 표기이므로 바로 잡았다.
11 뿔따구 : '뿔'을 비속하게 이르는 말.
12 원 발표문에는 마지막에 '—시집[宗家]에서—'라고 씌여 있다.

해항도(海港圖)[13]

폐선처럼 기울어진 고물상옥(古物商屋)에서는 늙은 선원이 추억을 매매하였다.[14] 우중충한 가로수와 목이 굵은 당견(唐犬)이 있는 충충한[15] 해항의 거리는 지저분한 크레용의 그림처럼, 끝이 무디고. 시꺼먼 바다에는 여러 바다를 거쳐 온 화물선이 정박하였다.

값싼 반지요. 골통[16]같이 굵다란 파이프.[17] 바닷바람을 쏘여 얼굴이 검푸러진 늙은 선원은 곧잘 뱀을 놀린다. 한참 싸울 때에는 저 파이프로도 무기를 삼아왔다. 그러게 모자를 쓰지 않는 항시(港市)의 청년은 늙은 선원을 요지경처럼 싸고 두른다.

나포리(Naples)와 아덴(ADEN)과 씽가폴(Singapore). 늙은 선원은[18]

---

13 이 시는 원 발표문(『시인부락』, 1936.12)에서는 4연으로 되어 있는데, 풍림 본에서부터 5연으로 변형되었고 내용 면에서도 많은 개작이 이루어졌다.
14 원 발표문에는 "까마―득한 船路에서 이제 뿔뿔이돌아온마파람. 가슴팩이와 팔뚝이 제법들 굵어젓구랴."로 되어 있으나, 풍림 본에서부터 위와 같은 형태로 개작되었다.
15 충충하다 : 물이나 빛깔 따위가 맑거나 산뜻하지 못하고 흐리고 침침하다.
16 골통 : '골통대'의 북한어. 골통대는 나무 따위를 깎거나 흙으로 구워서 만든 담뱃대를 말하며, 담배통이 굵고 크며 전체의 길이가 짧은 것이 특징이다.
17 파이프 : 살담배를 담아 피우는 서양식 곰방대. 궐련을 끼워 무는 물부리.
18 원 발표문에는 "두둑한海面을 늠실거리게한다. 나리는乘客 도리꼬와도리꼬엔 한줌의우슴 한줌의鄕愁가"로 되어 있으나, 풍림 본에서부터 위와 같은 형태로 개작되었다.

항해표와 같은 기억을 더듬어본다. 해항의 가지가지 백색, 청색 작은 신호와, 영사관, 조계(租界)의 갖가지 깃발을. 그리고 제 나라 말보다는 남의 나라 말에 능통하는 세관의 젊은 관리를. 바람에 날리는 흰 깃발처럼 Naples, ADEN. Singapore. 그 항구, 그 바의 계집은 이름조차 잊어버렸다.

 망명한 귀족에 어울려 풍성한 도박. 컴컴한 골목 뒤에선 눈자위가 시퍼런 청인(淸人)이 괴춤[19]을 훔칫거리며 길 밖으로 달리어간다. 홍등녀의 교소(嬌笑),[20] 간드러지기야. 생명수! 생명수! 과연 너는 아편을 가졌다. 항시의 청년들은 연기를 한숨처럼 품으며 억세인 손을 들어 타락을 스스로이 술처럼 마신다.

 영양(榮養)이 생선가시처럼 달갑지 않은 해항의 밤이다. 늙은이야! 너도 수부(水夫)이냐? 나도 선원이다. 자 한 잔, 한 잔, 배에 있으면 육지가 그립고, 뭍에선 바다가 그립다. 몹시도 컴컴하고 질척거리는 해항의 밤이다. 밤이다. 점점 깊은 숲 속에 올빼미의 눈처럼 광채가 생(生)하여 온다.

---

19 괴춤은 '고의춤'의 준말. '고의춤'은 고의나 바지의 허리를 접어서 여민 사이. 풍림 본의 '괴침'으로 표기되었는데, 이는 '괴춤'의 충남 방언이다.
20 교소(嬌笑) : 요염한 웃음. 교태로운 웃음.

어포(魚浦)[21]

어포의 등대는 귀류(鬼類)의 불처럼 음습하였다. 어두운 밤이면 안개는 비처럼 내렸다. 불빛은 오히려 무서웁게 검은 등대를 튀겨 놓는다. 구름에 지워지는 하현달도 한참 자옥한 안개에는 등대처럼 보였다. 돛폭이 충충한 박쥐의 나래처럼 펼쳐 있는 때, 돛폭이 어스름한 해적의 배처럼 어른거릴 때, 뜸[22] 안에서는 고기를 많이 잡은 이나 적게 잡은 이나 함부로 투전을 뽑았다.

---

21 이 시는 『시인부락』(1936.12)에 발표되었으며, 풍림 본에는 빠져 있다.
22 뜸: 짚, 띠, 부들 따위로 거적처럼 엮어 만든 물건. 비, 바람, 볕을 막는 데 쓴다.

황혼[23]

직업소개소에는 실업자들이 일터와 같이 출근하였다. 아무 일도 안 하면 일할 때보다는 야위어진다. 검푸른 황혼은 언덕 알로 깔리어오고 가로수와 절망과 같은 나의 긴 그림자는 군집(群集)의 대하(大河)에 짓밟히었다.

바보와 같이 거물어지는[24] 하늘을 보며 나는 나의 키보다 얕은 가로수에 기대어 섰다. 병든 나에게도 고향은 있다. 근육이 풀릴 때 향수는 실마리처럼 풀려나온다. 나는 젊음의 자랑과 희망을, 나의 무거운 절망의 그림자와 함께, 뭇사람의 웃음과 발길에 채이고[25] 밟히며 스미어오는 황혼에 맡겨버린다.

제 집을 향하는 많은 군중들은 시끄러이 떠들며, 부산히 어둠 속으로 흩어져버리고, 나는 공복의 가는 눈을 떠, 희미한 노등(路燈)을 본다. 띄엄띄엄 서 있는 포도(鋪道) 위에 잎새 없는 가로수도 나

---

23 이 시는 풍림 본에 처음 수록되어 원 발표문이 없다.
24 거물어지다 : 어둑어둑 저물다.
25 채이고 : 모든 판본에 '채우고'로 되어 있으나, 의미상 '채이고'가 맞아 바로잡았다.

와 같이 공허하고나.

고향이여! 황혼의 저자에서 나는 아리따운 너의 기억을 찾아 나의 마음을 전서구(傳書鳩)[26]와 같이 날려 보낸다. 정든 고샅.[27] 썩은 울타리. 늙은 아베의 하얀 상투에는 몇 나절의 때 묻은 회상이 맺혀 있는가. 우거진 송림 속으로 곱게 보이는 고향이여! 병든 학이었다. 너는 날마다 야위어가는 ……

어디를 가도 사람보다 일 잘하는 기계는 나날이 늘어나 가고, 나는 병든 사나이. 야윈 손을 들어 오랫동안 타태(惰怠)[28]와, 무기력을 극진히 어루만졌다. 어두워지는 황혼 속에서, 아무도 보는 이 없는, 보이지 않는 황혼 속에서, 나는 힘없는 분노와 절망을 묻어버린다.

---

26 전서구(傳書鳩) : 편지를 보내는 데 쓸 수 있게 훈련된 비둘기.
27 고샅 : 시골 마을의 좁은 골목길. 또는 골목 사이.
28 타태(惰怠) : 태만. 원 발표문에는 수태(隨怠)로 되어 있으나 오식으로 보인다.

성벽(城壁)[29]

　세세전대만년성(世世傳代萬年盛)하리라는 성벽은 편협한 야심처럼 검고 빽빽하거니 그러나 보수는 진보를 허락치 않아 뜨거운 물 끼얹고 고춧가루 뿌리던 성벽은 오래인 휴식에 인제는 이끼와 등넝쿨이 서로 엉키어 면도 않은 터거리[30]처럼 지저분하도다.

29　이 시는 『시인부락』(1936.11)에 발표되었으며, 풍림 본에는 실려 있지 않다.
30　터거리 : '턱'을 속되게 이르는 말.

전설[31]

느티나무 속에선 올빼미가 울었다. 밤이면 운다. 항상, 음습한 바람은 얕게 내려앉았다. 비가 오든지, 바람이 불든지, 올빼미[32]는 동화 속에 산다. 동리 아이들은 충충한 나무 밑을 무서워한다.

---

[31] 이 시는 풍림 본에 처음 발표되었다.
[32] 풍림 본에는 '올빡이'로 되어 있으나 '올빼미'의 오식으로 보인다. 이후 판본들에서 바로잡았다.

온천지[33]

　온천지에는 하루에도 몇 차례 은빛 자동차가 드나들었다. 늙은 이나 어린애나 점잖은 신사는, 꽃 같은 계집을 음식처럼 싣고 물탕을 온다. 젊은 계집이 물탕에서 개구리처럼 떠 보이는 것은 가장 좋다고 늙은 상인들은 저녁상머리에서 떠들어댄다. 옴쟁이[34] 땀쟁이 가진각색[35] 더러운 피부병자가 모여든다고 신사들은 두덜거리며[36] 가족탕을 선약하였다.

---

[33] 이 시는 『시인부락』(1936.11)에 발표되었으며, 풍림 본에는 실려 있지 않다.
[34] 옴쟁이 : 옴이 오른 사람을 낮잡아 이르는 말. 옴은 옴벌레가 기생하여 일으키는 전염성 피부병을 말한다.
[35] 가진각색 : 모양이나 성질 따위가 서로 다른 여러 가지.
[36] 두덜거리다 : 남이 알아듣기 어려울 정도의 낮은 목소리로 자꾸 불평을 하다.

매음부(賣淫婦)

푸른 입술. 어리운 한숨. 음습한 방 안엔 술잔만 훤하였다. 질척척한 풀섶과 같은 방안이다. 현화식물(顯花植物)과 같은 계집은 알 수 없는 웃음으로 제 마음도 속여 온다. 항구, 항구, 들르며 술과 계집을 찾아다니는 시꺼먼 얼굴. 윤락된 보헤미안의 절망적인 심화(心火). ─ 퇴폐한 향연 속. 모두 다 오줌싸개 모양 비척거리며 얇게 떨었다. 괴로운 분노를 숨기어가며 …… 젖가슴이 이미 싸늘한 매음녀는 파충류처럼 포복한다.

고전(古典)[37]

  전당포에 고물상이 지저분하게 늘어선 골목에는 가로등도 켜지는 않았다. 죄금 높다란 포도(鋪道)도 깔리우지는 않았다. 죄금 말쑥한 집과 죄금 허름한 집은 모조리 충충하여서 바짝바짝 친밀하게는 늘어서 있다. 구멍 뚫린 속내의를 팔러 온 사람, 구멍 뚫린 속내의를 사러 온 사람. 충충한 길목으로는 검은 망토를 두른 주정꾼이 비틀거리고, 인력거 위에선 차(車)와 함께 이미 하반신이 썩어가는 기녀들이 비단 내음새를 풍기어가며 가느른 어깨를 흔들거렸다.

---

[37] 이 시는 풍림 본에 처음 수록되었다.

어육(魚肉)[38]

    신사들은 식탁에 죽은 어육을 올려놓고 입천장을 핥으며 낚시질에 대한 이야기를 시작하였다. 천기예보엔 일기도 검어진다는 (승합 마차가 몹시 흔들리는) 기절(氣節)을, 신사들은 바다로 간다고 떠들어댔다. 불순한 천후(天候)일수록 잘은 걸려드는 법이라고 행랑아범[39]더러 어류들의 진기한 미끼, 파리나 지렁이를 잡어오라고 호령한다. 점잖은 신사들은 어떠한 유희에서나 예절 가운데에 행하여졌다.

---

[38] 이 시는 『시인부락』(1936.11)에 발표되었으며, 풍림 본에는 수록되지 않았다.
[39] 행랑아범 : 행랑살이를 하는 나이 든 남자 하인. 행랑은 대문 안에 죽 벌여서 지어 주로 하인이 거처하던 방을 말한다.

독초(毒草)[40]

　썩어 문드러진 나무뿌리에서는 버섯들이 생겨난다. 썩은 나무뿌리의 냄새는 훗훗한[41] 땅 속에 묻히어 붉은 흙을 거멓게[42] 살지워 놓는다. 버섯은 밤내어 이상한 빛깔을 내었다. 어두운 밤을 독한 색채는 성좌를 향하여 쏘아 오른다. 혼란한 삿갓을 뒤집어쓴 가녈핀 버섯은 한자리에 무성히 솟아올라서 사념을 모르는 들쥐의 식욕을 쏘을게 한다. 진한 병균의 독기를 빨아들이어 자줏빛 빳빳하게 싸늘해지는 소동물들의 인광! 밤내어 밤내어 안개가 끼이고 찬 이슬 내려올 때면, 독한 풀에서는 요기의 광채가 피직, 피직 다 타버리려는 기름불처럼 튀어나오고. 어둠 속에 시신만이 경충 서 있는 썩은 나무는 이상한 내음새를 몹시는 풍기며, 딱따구리는, 딱따구리는, 불길한 까마귀처럼 밤눈을 밝혀가지고 병든 나무의 뇌수를 쪼읏고 있다. 쪼우고 있다.

40　이 시는 풍림 본에 처음 발표되었으므로 원 발표문이 없다.
41　훗훗하다 : 약간 갑갑할 정도로 훈훈하게 덥다.
42　거멓다 : 어둡고 옅게 검다.

향수

어머니는 무슨 필요가 있기에 나를 만든 것이냐! 나는 이항(異港)에 살고 어메는 고향에 있어 얕은 키를 더욱더 꼬부려가며 무수한 세월들을 흰 머리칼처럼 날려 보내며, 오 어메는 무슨, 죽을 때까지 윤락된 자식의 공명(功名)을 기다리는 것이냐. 충충한 세관[43]의 창고를 기어달으며, 오늘도 나는 부두를 찾아나와 "쑤왈쑤왈" 지껄이는 이국 소년의 회화를 들으며, 한나절 나는 향수에 부대끼었다.[44]

어메야! 온 세상 그 많은 물건 중에서 단지 하나밖에 없는 나의 어메! 지금의 내가 있는 곳은 광동인(廣東人)이 신고 다니는 충충한 밀항선. 검고 비린 바다 위에 휘이한 각등(角燈)이 비치울 때면, 나는 함부로 술과 싸움과 도박을 하다가 어메가 그리워 어둑어둑한 부두로 나오기도 하였다. 어메여! 아는가 어두운 밤에 부두를 헤매이는 사람을. 암말도 않고 고향, 고향을 그리우는 사람들. 마음 속에는 모두 깊은 상처를 숨겨가지고 …… 띄엄, 띄엄이, 헤어져 있는 사람들.

---

[43] 원 발표문(『조선일보』, 1936. 10. 13)에서는 '검은세관'로 되어있으나, 풍림 본에서부터 '충충한 세관'으로 바뀌었다.
[44] 부대끼다 : 사람이나 일에 시달려 크게 괴로움을 겪다.

암말도 않고 검은 그림자만 거니는 사람아! 서 있는 사람아! 늬가 옛 땅을 그리워하는 것도, 내가 어메를 못 잊는 것도, 다 마찬가지 제 몸이 외로우니까 그런 것이 아니겠느냐.

어메야! 오륙 년이 넘도록 일자소식이 없는 이 불효한 자식의 편지를, 너는 무슨 손꼽아 기다리는 것이냐. 나는 틈틈이 생각해 본다. 너의 눈물을…… 오— 어메는 무엇이었느냐! 너의 눈물은 몇 차례나 나의 불평과 결심을 죽여버렸고, 우는 듯, 웃는 듯, 나타나는 너의 환상에 나는 지금까지도 설운 마음을 끊이지는 못하여 왔다. 편지라는 서로이 서러움을 하소하는 풍습[45]이러니, 어메는 행방도 모르는 자식의 안재(安在)[46]를 믿음이 좋다.

---

[45] 원 발표문에서는 '통신'으로 되어 있으나, 풍림 본에서부터는 '풍습'으로 바뀌었다.
[46] 아문각 본에서는 '安在'의 '安'이 누락되어 있다.

경(鯨)[47]

  점잖은 고래는 섬 모양 해상에 떠서 한나절 분수를 품는다. 허식(虛飾)한 신사, 풍류로운 시인이여! 고래는 분수를 중단할 때마다 어족들을 입안에 요리하였다.

---

47 이 시는 『시인부락』(1936.11)에 발표되었으며, 풍림 본에는 수록되지 않았다.

화원(花園)[48]

꽃밭은 번창하였다. 날로 날로 거미집들은 술막처럼 번지었다. 꽃밭을 허황하게 만드는 문명. 거미줄을 새어나가는 향그러운 바람결. 바람결은 머리카락처럼 간지러워 …… 부끄럼을 갓 배운 시악시는 젖통이가 능금처럼 익는다. 줄기채 긁어먹는 뭉툭한 버러지. 유행치마 가음[49]처럼 어른거리는 나비 나래. 가벼이 꽃포기 속에 묻히는 참벌이. 참벌이들. 닝닝거리는 울음. 꽃밭에서는 끊일 사이 없는 교통사고가 생기어났다.

---

48 이 시는 풍림 본에 처음 발표되었다.
49 가음 : '옷감'의 방언.

우기(雨期)

　장판방엔 곰팡이가 목화송이 피듯 피어났고 이 방 주인은 막벌이꾼. 지게목바리[50]도 훈김이 서리어 올랐다. 방바닥도 눅진눅진하고 배창자도 눅진눅진하여 공복은 헝겊오라기[51]처럼 꾀어져 나오고 와그르르 와그르르 숭얼거리어[52] 뒷간 문턱을 드나들다 고이[53]를 적셨다.

50　지게목바리 : '지겟다리'의 경상도 방언.
51　헝겊오라기 : 실, 헝겊, 종이, 새끼 따위의 길고 가느다란 조각.
52　숭얼거리다 : 마음에 들지 않아 남이 알아듣지 못할 정도의 낮은 목소리로 자꾸 혼잣말을 하다.
53　고이 : '속곳'의 잘못.

모촌(暮村)[54]

추라한 지붕 썩어가는 추녀 위엔 박 한 통이 쇠었다.[55]

밤서리 차게 나려앉는 밤 싱싱하던 넝쿨이 사그라붙던 밤. 지붕 밑 양주는 밤새워 싸웠다.

박이 딴딴히 굳고 나뭇잎새 우수수 떨어지던 날, 양주는 새 바가지 뀌어[56] 들고 추라한 지붕, 썩어가는 추녀가 덮인 움막을 작별하였다.

---

54 원 발표문(『시인부락』, 1936.11)에서는 행갈이가 없는 산문시로 되어 있으나, 풍림 본에서부터 행을 나누었다.
55 쇠다 : 채소가 너무 자라서 줄기나 잎이 뻣뻣하고 억세게 되다.
56 뀌다 : '꿰다'의 방언.

병실[57]

양어장 속에서 갓 들어온 금붕어
어항이 무척은 신기한 모양이구나.

병상의 검온계는
오늘도 39도를 오르내리고
느릿느릿한 맥박과 같이
유리항아리로 피어오르는 물방울
금붕어는 아득한 꿈길을 모조리 먹어버린다.

먼지에 끄을은[58] 초상과 마주 대하여
그림자를 잃은 청자의 화병이 하나
오늘도 시든 카네이션의 꽃다발을 뱉어버렸다.

유현(幽玄)[59]한 꽃향기를 입에 물고도

---

57 이 시는 풍림 본에 처음 수록되었다.
58 끄을다 : '그을다'의 잘못. 그을다는 햇볕이나 연기 따위를 오래 쬐어 검게 된다는 뜻이다.
59 유현(幽玄) : 이치나 아취(雅趣)가 알기 어려울 정도로 깊고 그윽하며 미묘함.

충충한 먼지와 회색의 기억밖에는
이그러지고도 파리한 얼굴.

금붕어는 지금도 어느 꿈길을 따르는가요
책갈피에는 청춘이 접히어 있고
창밖으론 포도알들이 한 데 몰리어 파르르 떱니다.

호수

호수에는 사색(四色) 가지의 물고기들이 살기도 한다.
차디찬 슬픔이 생겨나오는 말간 새암
푸른 사슴이 적시고 간 입자족[60]이 남기어 있다.
멀리 산간에서는[61]
시냇물들이 바위에 부딪치는 소리가 들리어오고
어둑한 숲길은 고대의 창연한 그늘이 잠겨 있어
나어린 구름들이 한나절 호숫가에 노닐다 간다.
저물기 쉬운 하룻날은
풀뿌리와 징게미[62]의 물내음새를 풍기우며 거무른 황혼 속에 잠기어버리고
내 마음, 좁은 영토 안에[63]
나는 어스름 거무러지는 추억을 더듬어보노라.

---

60 입자족 : 원 발표문과 이후 판본에서 '입자족'으로 되어 있고, 김재용 본에서는 '입 자국'으로 바꾸었다. 여기에서는 아문각 본에 따라서 '입자족'으로 표기하였다.
61 원 발표문(『여성』, 1936.12)에서는 여기에서 행을 나누지 않았으나 이후 판본에서는 모두 행을 나누었다.
62 징게미 : 민물새우(징거미)의 방언으로 징게라고도 함.
63 다른 판본에서는 여기서 모두 행을 나누었으나, 원 발표문에서는 여기에서도 행을 나누지 않아서 모두 19행의 시가 되었다.

오호 저녁바람은 가슴에 차다.

어두운 장벽(臟壁) 속에는 지저분하게 그어논 소년기의 낙서가 있고,

큐비트의 화살 맞았던 검은 심장은 찢어진 대로 것날리었다.

가는 비와 오는 바람에

흐르는 구름들이여!

너는 어느 곳에 어제날을 만나보리오.

야윈 그림자를 연못에 적시며 낡은 눈물을 어제와 같이 흘려보기에

너는 하많은 청춘의 날을 가랑잎처럼 날려보내었나니

오−

나는 싸느랗게 언 체온기를 겨드랑 속에 지니었도다.

성씨보(姓氏譜)
오래인 관습―그것은 전통을 말함이다

내 성은 오씨. 어째서 오가인지 나는 모른다. 가급적으로 알리어 주는 것은 해주로 이사 온 일 청인(一淸人)이 조상이라는 가계보의 검은 먹글씨. 옛날은 대국숭배를 유심히는 하고 싶어서, 우리 할아버니는 진실 이가였는지 상놈이었는지 알 수도 없다. 똑똑한 사람들은 항상 가계보를 창작하였고 매매하였다. 나는 역사를, 내 성을 믿지 않아도 좋다. 해변가로 밀려온 소라 속처럼 나도 껍데기가 무척은 무거웁고나. 수퉁하고나.[64] 이기적인, 너무나 이기적인 애욕을 잊으려면은 나는 성씨보가 필요치 않다. 성씨보와 같은 관습이 필요치 않다.

---

64 수퉁하다 : 투박하고 무겁다.

역(易)[65]

　점잖은 장님은 검은 연경을 쓰고 대나무지팡이를 때때거렸다.
　고꾸라[66]양복을 입은 소년 장님은 밤늦게 처량한 퉁소소리를 호로롱호로롱 골목 뒷전으로 울려주어서 단수 짚어보기를 단골로 하는 뚱뚱한 과부가 뒷문간으로 조용히 불러들였다.

---

[65] 이 시는 원 발표문(『조선일보』, 1936.10.10)에서는 행, 연 갈이가 없는 산문시로 되어 있다. 풍림 본에는 수록되지 않았다.
[66] 고꾸라 : 고쿠라(こくら, 小倉). 굵은 실로 두껍게 짠 면직물을 말하며, 큐슈 지방에서 많이 생산된다.

해수(海獸)

사람은 저 빼놓고 모조리 짐승이었다.

항구야
계집아
너는 비애를 무역하도다.

모진 비바람이 바닷물에 설레이던 날
나는 화물선에 엎디어 구토를 했다.

뱃전에 찌푸시 안개 끼는 밤
몸부림치도록 갑갑하게 날은 궂은데
속눈썹에 이슬을 적시어가며
항구여!
검은 날씨여!
내가 다시 상륙하던 날
나는 거리의 골목 벽돌담에 오줌을 깔겨보았다.

컴컴한 뒷골목에 푸른 등불들,

붕–

붕–

자물쇠를 채지 않는 도어 안으로, 부화(浮華)한 웃음과 비어[67]의 누른 거품이 북어오른다.

야윈 청년들은 담수어처럼
힘없이 힘없이 광란된 ZAZZ에 헤엄쳐 가고
빨간 손톱을 날카로이 숨겨두는 손,[68]
코카인과 한숨을 즐기어 상습하는 썩은 살덩이

나는 보았다.
    항구,
항구,
    들레이면서[69]
수박씨를 까바수는 병든 계집을–
바나나를 잘라내는 유곽 계집을–

49도, 독한 주정(酒精)에 불을 달구어
불타오르는 술잔을 연거푸 기울이도다.

---

67 비어 : 맥주.
68 풍림 본에서는 '옛, 니야기모양 그짓말을 잘하는게집,'이 한 행으로 추가되어 5연이 5행으로 되어 있다. 여기서는 아문각 본에 따라서 삭제하였다.
69 들레이다 : 어떤 감격과 흥분으로 가슴이 들썩거리고 고동치다. 야단스럽게 떠들다.

보라!
질척한 내장이 부식한 내장이, 타오르는 강한 고통을,
펄펄펄 뛰어라! 나도 어릴 때에는
입가상이[70]에 뾰롯한 수염터 모양, 제법 자라나는 양심을 지니었었다.

발레제(製)[71]의 무디인 칼날, 얼굴이 뜨거웠다.
면도를 했다.
극히 어렸던 시절

항구여!
눈물이여!
나는 종시(終是) 비애와 분노 속을 항해했도다.

계집아, 술을 따르라.
잔잔이 가득 부어라!
자조와 절망의 구덩이에 내 몸이 몹시 흔들릴 때
나는 구토를 했다
삼면기사(三面記事)를,
각혈과 함께 비린내 나는 병든 기억을 ……

---

70 입가상이 : 입가생이, 가생이는 '가장자리'의 방언.
71 발레제 : '발리제(製)'로 추측된다.

어둠의 가로수여!
바다의 방향,
오 한없이 흉측맞은 구렁이의 살결과 같이
늠실거리는 검은 바다여!
미지의 세계,
미지로의 동경,
나는 그처럼 물 위로 떠다니어도 바다와 동화치는 못하여왔다.

가옥(家屋) 안 짐승은 오직 사람뿐
나도 그처럼 완고하도다.

쇠창살을 붙잡고 우는 계집아!
바다가 보이는 저쪽 산정(上頂)엔 외인의 묘지가 있고,
하얀 비둘기가 모이를 쪼옷고,
장난감만 하게 보이는 기선은 풍풍 품는 연기를 작별인사처럼 피워주도다.

항구여!
눈물이여!

절망의 흐름은 어둠을 따라 땅 아래 넘쳐흐르고,
바람이 끈적끈적한 요기(妖氣)의 저녁,

너는 바다 변두리를 돌아가 보라.

오— 이럴 때이면 이빨이 무딘 찔레나무도

아스러지게 나를 찍어 누르려 하지 않더냐!

이년의 계집,

오색,

칠색,

영사관 꼭대기에 때 묻은 기폭은

그 집 굴뚝이 그래논 게다.

지금도 절름발이 러시아[72]의 귀족이 너를 찾지 않더냐.

등대 가차이 매립지에는

아직도 묻히지 않은 바닷물이 웅성거린다.[73]

오— 매립지는 사문장

동무들의 뼈다귀로 묻히어왔다.

어두운 밤, 소란스런 물결을 따라

그러게 검은 바다 위로는

쏘구루루 …… 쏘구루루 ……

---

[72] 모든 판본에 '노서아'로 되어 있으나 표준어 표기에 따라 '러시아'로 표기하였다.

[73] 풍림 본에서는 여기에서 연이 나누어져 있어 17연이 모두 2행으로 되어 있다. 그리고 18면의 1행에 '쏘구루루…… 쏘구루루…… 물잦는소리,'가 첨가되어 18연이 모두 7행으로 되어 있다. 다른 판본에서는 모두 17연이 4행, 18연이 4행으로 되어 있다.

부어오른 시신, 눈자위가 희멀건 인부들이 떠올라온다.

항구야,
환각의 도시, 불결한 하수구에 병든 거리여!
얼마간의 돈푼을 넣을 수 있는 죄그만 지갑,[74]
유독식물과 같은 매음녀는
나의 소매에 달리어 있다.

그년은, 마음까지 나의 마음까지 핥아놓아서[75]
이유 없이 웃는다. 나는
도박과
싸움,
흐르는 코피!
나의 등가죽으로는 뱃가죽으로는
자폭한 보헤미안의 고집이 시르죽은[76] 빈대와 같이 쓸 쓸 쓸 기어 다닌다.

---

[74] 풍림 본에서 19연 3행부터는 다른 판본과 내용이 다르고, 전체 길이도 6행으로 되어 있어 개작이 이루어졌음을 알 수 있다. 다른 판본들은 19연이 모두 5행으로 되어 있다. 풍림 본의 19연은 다음과 같다.
"항구야 / 환각의 도시, 불결한 하수구에 병든거리여! 이년! / 손등을 할터주는 죄그만 계집 / 몸 스서리친다 / 술을 따루라! 술을 따루라!"

[75] 풍림 본에서는 20연이 모두 2행으로 되어 있으며, 다른 판본에 없는 내용이 나타나 개작이 되었음을 알 수 있다. 풍림 본 20연은 다음과 같다.
"신문지로 얼골을숨기는 청년, / 大使館令孃은 발꾸락이 간즈러웁다. / 爲替의暴落!"

[76] 시르죽다 : 기운을 차리지 못하다. 기를 펴지 못하다.

보라!
어두운 해면에 어른거리는 검은 그림자,
짐승과 같이 추악한 모습
항시 위협을 주는 무거운 불안
그렇다! 오밤중에는 날으는 갈매기도 까마귀처럼 불길하도다.

나리는 안개여!
설움의 항구,

세관의 창고 옆으로 달음박질하는 중년 사나이의
쿨렁한 가방
방파제에는 수평선을 넘어온
해조음이 씨근거리고,[77]
바다도, 육지도, 한 치의 영역에 이를 응을거린다.

항구여!
눈물이여!
나는
못 쓰는 주권(株券)을 갈매기처럼 바닷가 날려 보냈다.
뚱뚱한 계집은 부연 배때기를 헐떡거리고

---

[77] 씨근거리다 : 고르지 아니하고 거칠고 가쁘게 숨 쉬는 소리가 자꾸 나다. 또는 그렇게 하다.

나는 무겁다.

웅대하게 밀리쳐오는 오— 바다,
조수의 쏠려움을 고대하는 병든 거이[78]들!
습진과 최악의 꽃이 성화(盛華)하는 항시(港市)의 하수구,
더러운 수채의 검은 등때기,[79]
급기야
밀물이 머리맡에 쏠리어올 때
톡 불거진 두 눈깔을 희번덕이며
너는 무서웠느냐?
더러운 구덩이, 어두운 굴 속에 두 가위를 트리어박고

뉘우치느냐?
게거품을 북적거리며
쏠려가는 조수를 부러이 보고
불평하느냐?
더러운 게거품을 북적거리며……

음협(陰狹)한 씨내기,[80] 사탄의 낙윤(落倫),
너의 더러운 껍데기는

---

78 아문각 본에는 '거의'로 표기되어 있으나 이는 '거이'로 보인다. '거이'는 '게'의 방언.
79 등때기 : '등'을 낮잡아 이르는 말.
80 씨내기 : 식물이 싹 터 자라는 일.

일찍
바닷가에 소꿉 노는 어린애들도 주어가지는 아니하였다.

해제

『성벽』(오장환) 원전비평 및 정본화

이 책은 오장환의 시집 『성벽』에 대한 원본비평 및 정본화 작업을 수행한 결과물이다. 그간 오장환의 시집은 다양한 판본으로 출간되었다. 그 과정에서 원본의 표기법이나 의미가 변형된 형태로 출간되어, 텍스트의 원래 의미가 훼손되는 경우도 있었다. 본 연구는 최근까지 출간된 주요 판본들을 정밀하게 비교, 검토하여, 맞춤법과 표기상의 오류를 바로 잡고, 어휘의 정확한 의미를 고찰하였다. 이러한 과정을 통해 오장환 시의 원형을 복원하여, 『성벽』의 정본화 작업을 수행하였다. 작업의 구체적 진행은 다음과 같다.

1. 저본 선정과 비교 판본

오장환의 시집 『성벽』은 초판본이 비교적 정확하게 보존되어 있다. 『성벽』은 초간본이 1937년(풍림)에 간행되었다가, 이후 1947년 아문각에서 개정판이 발간되었다. 오장환은 이 시집의 자서(自序)에서, 1947

년판이 1937년 풍림사에서 간행된 시집을 초판으로 하였음을 밝히고 있으며, 「성벽(城壁)」, 「온천지(溫泉地)」, 「경(鯨)」, 「어육(魚肉)」, 「어포(魚浦)」, 「역(易)」을 첨가하였음을 밝혔다. 또한 그는 '그 당시에 부득이 한 일로써 고쳐 쓴 것' 외에는 손을 대지 않았다고 했는데, 판본 대조 결과 개작이 이루어졌음을 알 수 있었다. 아문각 본은 띄어쓰기가 개념 없이 이루어졌는데, 이는 풍림사 본에서 후퇴한 것처럼 보인다.

이 연구에서는 '시인이 개작의 가능성'을 밝히고 있다는 점, 그리고 '작가 생존의 최후 판본'을 저본으로 삼는다는 기준 설정에 따라, 1947년 아문각 본 『성벽』을 저본으로 삼았다.

· 기본 판본

오장환, 『성벽』(아문각, 1947)

1) 기준 판본 및 비교 판본

① 원 발표문

② 초간본 : 『성벽』(풍림, 1937)

③ 재판 : 『성벽』(아문각, 1947)

④ 최두석 본 : 『오장환 전집』 1(창작과비평, 1989)

⑤ 김재용 본 : 『오장환 전집』(실천문학사, 2002)

⑥ 김학동 본 : 『오장환 전집』(국학자료원, 2003)

2) 기타 참고 판본

『성벽』・『헌사』(기민사, 1987)

『월북작가대표문학』 18(서음출판사, 1989)

『병든서울』(미래사, 1991)

2. 판본 대조 과정에서 나타난 각 판본의 특징 및 문제

오장환의 시집은 월북 문인에 대한 해금조치가 이루어진 1988년 이후에 본격적으로 출간되기 시작하였다. 현재까지 전집의 형태로 출간된 시집은 최두석 편, 『오장환전집』 1・2(창작과비평, 1989), 김재용 편, 『오장환 전집』(실천문학사, 2002), 김학동 편, 『오장환전집』(국학자료원, 2003) 등 모두 3종이다. 각 판본들 모두 1947년판을 저본으로 한 것으로 보인다. 이 전집들을 기준으로 하여 판본 대조를 진행하였다. 본 연구 과정에서 밝혀진 각 판본의 특성은 다음과 같다.

③ 아문각 본 : 초간본에 비해서 모음조화가 파괴되고, 표기법, 띄어쓰기가 무질서해졌다.

④ 최두석 본 : 1989년 최초의 전집 형태로 출간되었다는 점에서 의미가 있으며, 띄어쓰기와 맞춤법 등을 대부분 현대어로 바꾸었으나, 당시의 표기를 그대로 따른 경우도 있고 한자어 표기(다소 자의적으로 이루어짐)에도 일관성이 없다.

⑤ 김재용 본 : 띄어쓰기, 맞춤법을 현대어로 바꾸었으며, 시어의 특성상 고유성이 드러나는 것은 저본을 따르고 있다.
⑥ 김학동 본 : 1937년 풍림사 본을 그대로 따랐으나, 띄어쓰기만을 현대적으로 바꾸었다.

3. 원전비평의 진행과정

원전비평은 시적 어감과 호흡을 훼손하지 않으면서 현대화된 정본을 수립하는 것을 목표로 한다. 본 연구의 일차적 의미는 가능한 한 오류를 줄이고 완성된 정본을 구성해낸 점에 있다고 하겠다. 본 연구에서는 가능한 한 원 발표문과 대조를 통해서 비교판본들 사이의 변화를 추적하였다. 다양한 판본 대조 과정에서 각 판본 간의 차이점을 명시적으로 확인할 수 있었으며, 시기에 따른 판본의 형태적 변화를 확인할 수 있었다. 또한 초판본에서 가장 최근에 출간된 판본에 이르기까지 행갈이, 연갈이를 비롯한 형태적 문제와 맞춤법, 조사의 누락 등 크고 작은 오류들이 발견되었으므로, 이를 교정하였다.

구체적인 과정에서 다음과 같은 작업이 수행되었다.

1) 판본 대조

판본 대조를 통해 개별 판본 간의 차이와 변화를 살펴보고 오류를 수정하였다. 예를 들면 다음과 같다.

· 「월향구천곡」 4연 1행

옛이야기 모양 거짓말을 잘 하는 계집

② 죄-그만 올뱀이처름, 밤눈을 잘뜨는게집, 사람이 많이보인 孤獨가운대,

③⑥ 옛이야기 모양 그짓말을 잘하는 계집

④ 옛이야기 모양 그짓말을 잘하는 계집

⑤ 옛이야기 모양 거짓말을 잘하는 계집

판본 대조의 결과, 풍림 본의 내용이 아문각 본 이후 변형, 개작 되었음을 알 수 있다.

· 「鄕愁」 1연

충충한 세관의 창고를 기어달으며,

① 검은 稅關의 倉庫를 기여달으며,

② 충충한 稅關의 倉庫를 기여달으며,

③⑥ 충충한 稅關의 倉庫를 기어달으며,

④⑤ 충충한 세관의 창고를 기어달으며,

판본 대조의 결과 원 발표문에서는 '검은세관'으로 되어 있으나, 풍림 본에서부터 '충충한'으로 바뀌었음을 알 수 있다.

・「雨氣」
공복은 헝겊오라기처럼 뀌어져 나오고
① 空腹은 홍겁오랙이처름뀌여저나오고
② 空腹은 홍겁오이랙처름뀌 여저나오고
③⑥ 空腹은 헌겁오래기처럼 쥐어저 나오고
④ 공복은 헌겁오래기처럼 뀌어져 나오고
⑤ 공복은 헝겊 오라기처럼 뀌어져 나오고

판본 대조의 결과 맞춤법과 띄어쓰기의 변화를 확인할 수 있었다.

2) 개작, 편집에 의한 변화 추적

  시집 『성벽』의 경우 풍림 본(1937)과 아문각 본(1947) 사이에 시인의 개작에 따른 내용의 변화와 편집상의 차이에 의한 변화가 다음과 같이 드러났다.

  ・「월향구곡가」의 경우 행갈이에서 많은 차이가 드러났다. 풍림 본에서는 4연이 3행으로 되어 있으나, 아문각 본에서는 2행으로 바뀌었고, 이후의 판본들은 모두 2행으로 하였다. 여기서는 아문각 본을 따라서 2행으로 하였다. 5연의 경우, 풍림 본에서는 4행으로 되어 있으나, 아문각 본에서 6행으로 나누어져 있다. 또 6연은 5행에서 2행으로 바뀌었다. 6연 8행의 경우, 아문각 본에 '오! 끌리여왔다(당기꼬리와 함께!)'라는 구절이 통째로 빠져 있다. 이를 통해서 시인이 행갈이에 신경을 쓴 것을 알 수 있었다. 또한 9연이 6행에서 7행으로 바뀌고, '너는 香料

를 着色하도다'가 '너는 香料를 물들이도다'로 되어 있어, 어휘 선택에도 신경을 쓴 것으로 보인다.

• 「황혼」의 경우 풍림 본의 '노는군들이'가 아문각 본에서는 '실업자들이'로 바뀌었다. 또 풍림 본에는 '직업소개소'라고 되어 있으나, 아문각 본에 '직업소개'로 한 글자가 누락되어 있다. 이후 판본들이 모두 이렇게 표기하고 있는데, 본 연구에서 이를 '직업소개소'로 바로 잡았다. 또 5연에서 '나보다 일잘하는'이 '사람보다 일잘하는 기계는'으로 바뀌어 있다.

• 「고전」의 경우 풍림 본의 '並木들도 스지는 안엇다'가 아문각 본에서는 '街路燈도 켜지는 않었다.'로 바뀌어 있다. 또 한자 표기에도 변화가 보이는데, 5연의 「타태(惰怠)」가 원 발표문에 「隨怠」로 되어 있다. 이후 판본들은 '隋(惰)怠(김학동) 惰怠(김재용) 隋怠(최두석)' 등으로 표기하고 있다.

• 「향수」의 2연 풍림 본에서 '오— 어매야! 게집이죽은 옛땅이길래 더욱이 애처롭고나.'가 있으나, 아문각 본에서부터 사라졌다.

• 「해수」에서 '벽돌집'이 '벽돌담'으로 바뀌었다. 또한 5연3행에 '옛, 니야기모양 그짓말을 잘하는게집,'이 있으나, 아문각 본에서는 삭제되었다. 11연 6행의 '미지의 풍경'이 '미지로의 풍경'으로 바뀌었다.

전체적인 표기법에서도 풍림 본에 비해 아문각 본이 모음조화, 표기법이 무질서해졌음을 알 수 있었다. 예를 들어 '검은'을 '거믄'으로 표기하는 방식이다.

이를 통해 오장환이 아문각 본을 출간할 때 행연갈이에 변화를 주었고, 시어를 삭제하는 등 어느 정도의 개작과 가필을 하였음을 알 수 있다.

시	풍림(1937)	아문각(1947)
「월향구천곡」	4연이 3행으로 됨	4연 2행 (이후 판본들이 2행으로 처리함)
	5연이 4행으로 됨	5연 6행
	6연 8행 '오! 끌리여왓다(당기꼬리와함게!'	이 구절이 빠짐
	9연 6행 '향료를 着色하도다'	9연 7행으로, '향료를 물들이도다'
「황혼」	노는군들이	실업자들이
	나보다 일잘하는	사람보다 일잘하는 기계
「고전」	병목들도 스지는 안엇다	가로등도 켜지는 않았다
「향수」	2연 '오-어매야! 게집이 죽은 옛땅이길래 더욱이 애처롭고나.'	이후 판본에서 사라짐
「해수」	벽돌집	벽돌담
	5연 3행 '옛, 니야기모양 그짓말 잘하는게집'	생략됨
	11연 6행 '미지의 풍경'	미지로의 풍경

3) 오류의 수정

초판본에서 최근에 출간된 판본에 이르기까지 행갈이와 연갈이의 문제와 맞춤법, 조사의 누락, 어휘변화 등의 오류가 발견되었으므로, 이를 바로 잡았다. 비교한 판본들은 『성벽』(아문각)을 계승하고 있으므로, 판본 비교 과정을 통해서 큰 오류나 차이를 발견할 수는 없었다. 그러나 몇 가지 명백한 오류가 나타난바, 이를 수정하였다. 그 예는 다음과 같다.

• 「해수」, 20연 7행 ④⑤에서는 '뻣가죽'으로 되어 있으나, ③⑥에서 '뱃가죽'으로 되어 있어, 원본대로 바로잡았다.
• 「황혼」, ②에서는 '직업소개소'로 되어 있으나, ③에서 '직업소개'로 바뀌었고 이후 판본들이 모두 이를 따르고 있으나, 내용상 '직업소개소'가 타당하여 바로잡았다.

4) 조어와 고유어의 표기 확정

원전비평의 가장 큰 문제는 시 장르의 특성상 시인 특유의 어감과 어법을 살리는 문제이다. 특히 정본을 확정하는 과정에서 사투리를 표준어로 바꾸는 과정에서, 어느 정도까지 표준어로 바꿀 것인가는 미묘한 문제가 제기되었다. 시인의 시적 개성과 의도를 살리기 위해서 조어와 고유어는 최대한 원본을 존중하여 그대로 표기하였다. 그 예는 다음과 같다.

• 「월향구곡가」 : '오랑주'는 '오렌지'의 불어식 발음이므로 원 발표문의 어감을 살려 그대로 둠.
• 「향수」 : 원문에 '노스타르자'로 되어 있으나, 일어식 표기이므로 '노스텔지어'로 바로잡음.

• 「황혼」 : 원문에 '채우고'로 되어 있으나, 의미상 '채이고'가 맞아, '채이고'로 표기함.

4. 원전비평의 의의

① 저본 : 『성벽』은 초간본이 1937년(풍림)에 간행되었으나, '시인이 개작의 가능성'을 밝히고 있다는 점, 그리고 '작가 생존의 최후 판본'을 저본으로 삼는다는 기준 설정에 따라, 1947년 아문각 본 『성벽』을 저본으로 삼았다.

② 표기법 : 정본의 표기법은 현대 표기법을 기준으로 한다. 다만, 사전에 나와 있지 않은 단어나 시인의 독특한 표현, 혹은 시적 어감이 보다 더 효과적이라 판단되는 경우는 예외로 삼고, 각주로 처리한다. 또 현대 표기법에 어긋나더라도 시어의 음절 수는 시의 리듬과 관련된 부분이기 때문에 바꾸지 않으며, 필요한 경우 고어나 방언 역시 그대로 남겨 두고 각주로 처리한다.

③ 한자 : 시의 모든 한자는 대부분 국어로 바꾸되, 필요한 경우는 괄호 속에 병기한다.

④ 어휘풀이 : 각주에서 다루되, 사전적 의미와 선행 연구자들의 견해를 모두 밝혀주고, 새롭게 검증된 내용을 함께 수록한다.

• 정본 표기의 기술적 원칙 및 일러두기

① 본 연구에서는 판본대조와 정본화 작업을 동시에 진행한다.

② 판본대조의 경우는 각 판본에서 나타나는 오자, 탈자, 구절의 누락된 부분 등을 비교, 검증하여 교정·복원하였으며, 표기법의 변화에 따른 어휘의 변화 등을 고찰한다.

③ 초판본 자체의 오류를 교정한다. 맞춤법의 오류나 탈자 된 부분을 각주에 명기하고 복원한다.

④ 정본의 표기법은 현대어 표기법을 취하되 시적 어감을 살리기 위한 개인어, 사투리 등은 시적 정조와 호흡을 가능한 유지하는 것을 원칙으로 한다. 한글 표기를 원칙으로 하되, 한자는 필요에 따라 괄호 안에 제시한다.

⑤ 어휘풀이는 각주에서 다루되, 사전적 의미와 선행 연구자들의 견해를 모두 밝혀주고, 새롭게 검증된 내용을 함께 수록한다.

⑥ 연이 나누어지지 않은 산문시의 경우는, 필요에 따라 행을 구분하여 판본대조를 수행한다.

헌사
獻詞

할렐루야[1]

곡성이 들려온다. 인가(人家)에 인가(人家)가 모이는 곳에.

날마다 떠오르는 달이 오늘도 다시 떠오고

누런 구름 쳐다보며
망토 입은 사람이 언덕에 올라 중얼거린다.

날개와 같이
불길한 사족수(四足獸)의 날개와 같이[2]
망토는 어둠을 뿌리고

모든 길이 일제히 저승으로 향하여 갈 제

---

1 본 연구에서 오장환의 『헌사』(남만서방, 1939)을 저본으로 삼고, 다음의 판본을 비교하여 정본화 작업을 진행하였다. ① 원 발표문, ② 초간본 : 『헌사』, 남만서방 1939(이하 남만서방 본), ③ 최두석 본 : 『오장환 전집』1, 창작과비평, 1989(이하 최두석 본), ④ 김재용 본 : 『오장환 전집』, 실천문학사, 2002(이하 김재용 본), ⑤ 김학동 본 : 『오장환 전집』, 국학자료원, 2003(이하 김학동 본), ⑥ 이남호 본 : 『헌사』 열린책들, 2004(이하 이남호 본).

2 원 발표문(『조광』, 1939.8)에서는 4연의 2행과 3행을 나누지 않아서, 4연이 모두 2행으로 되어 있으나, 남만서방 본(1937) 이후의 판본에서는 두 행으로 나누었다. 여기서는 저본인 남만서방 본을 따라서 행을 나누었다.

암흑의 수풀이 성문을 열어
보이지 않는 곳에 술 빚는 내음새와 잠자는 꽃송이.

다만 한 길 빛나는 개울이 흘러 ……[3]

망토 위의 모가지는 솟치며
그저 노래 부른다.

저기 한 줄기 외로운 강물이 흘러
깜깜한 속에서 차디찬 배암이 흘러 …… 사탄이 흘러 ……[4]
눈이 따갑도록 빨간 장미가 흘러 ……

---

[3] 원 발표문과 최두석 본, 김재용 편에서는 여기서 행을 나누었고, 김학동 본은 행을 나누지 않아, 6연이 3행으로 되어 있다. 여기서는 저본인 남만서방 본을 따라서 연을 나누었다.
[4] 원 발표문에서는 여기서 행을 나누지 않아 8연이 2행으로 되어 있으나, 이후 판본들은 행을 나누었다. 여기서는 남만서방 본을 따라서 연을 나누었다.

심동(深冬)[5]

눈 쌓인 수풀에
이상한 산새의
시체가 묻히고

유리창이 모두 깨어진
양관(洋館)에서는
샴페인을 터트리는 소리가 들려온다.

언덕 아래
저기 아 저기 눈 쌓인 시냇가에는
어린아이가 고기를 잡고

눈 위에 피인 숯불은
빨갛게
주검[6]은 아, 주검은 아름다웁게 불타오른다.

---

5 이 시는 남만서방 본에 처음 수록되었다.
6 남만서방과 김재용 본에서는 "죽엄"으로, 아문각 본과 최두석 본에는 "주검"으로, 김학동 본에는 "죽음"으로 되어 있다. 여기서는 남만서방 본에 따라서 "주검"으로 표기하였다.

나의 노래

나의 노래가 끝나는 날은
내 가슴에 아름다운 꽃이 피리라.[7]

새로운 묘에는
옛 흙이 향그러[8]

단 한 번[9]
나는 울지도 않았다.[10]

새야 새 중에도 종다리야
화살같이 날아가거라

---

[7] 원 발표문(『시학』, 1939. 3)에는 "내무덤"으로 되어 있으나, 남만서방 본 이후의 판본에서는 "가슴"으로 바뀌었다.
[8] 원 발표문에는 "오래인흙이 향그러우리라."로 되어 있으나, 남만서방 본 이후부터는 "옛 흙이 향그러"로 바뀌었다.
[9] 남만서방 본에서는 3연 1행부터 8연 2행까지 누락되어 있다. 이는 출판 상의 오류로 보이는데, 다른 판본에서는 이를 복원하였으나, 김학동 본에서는 이 부분 이하를 모두 누락한 채 9연으로 건너 뛰어, 모두 3연의 시로 편집하고 있다.
[10] 원 발표문은 여기에서 행을 나누어 4연이 모두 3행으로 되었다.

나의 슬픔은
오직 님을 향하여

나의 과녁은
오직 님을 향하여

단 한 번
기꺼운[11] 적도 없었더란다.

슬피 바래는[12] 마음만이
그를 좇아
내 노래는 벗과 함께 느끼었노라.[13]

나의 노래가 끝나는 날은
내 무덤에 아름다운 꽃이 피리라.

11　기껍다 : 마음속으로 은근히 기쁘다.
12　바래다 : 색이 희미해지다.
13　원 발표문에 "목놓아 울었다"로 되어 있는데 남만서방 본에서 "느끼엿노라"로 바뀌었다.

석양(夕陽)[14]

보리밭 고랑에 드러누워
솟치는 종다리며 떠가는 구름장이며
울면서 치어다보았노라.[15]

양지짝의 묘지는
사랑보다 다슷하고나[16]

쓸쓸한 대낮[17]에
달이나 뜨려무나
죄그만 도회의 생철[18] 지붕에 ……

---

14 원 발표문(『비판』, 1939.6)에서는 제목이 "夕照"로 되어 있으나 남만서방 본에서부터 "夕陽"으로 바뀌었다.
15 남만서방 본과 김학동 본에서는 2연부터 「나의 노래」에서 누락되었던 부분 즉 3연부터 8연 2행까지가 여기에 삽입되어, 이 시를 총 9연의 시로 만들어 놓았다. 이는 영인본을 만들 때 생긴 착오로 보이며, 이를 김학동 본이 그대로 따르고 있어 생긴 오류로 보이므로 바로잡았다.
16 다슷하다 : 좀 따스하다. 원 발표문에서는 "다슷하고나"로 되어 있으나, 풍림 본과 김학동 본에서는 "다슷하고니"로 되어 있어 오식으로 판단된다.
17 원 발표문에 "석조"로 되어 있으나, 남만서방 본부터 "대낮"으로 바뀌었다.
18 생철 : 안팎에 주석을 입힌 얇은 철판. 통조림이나 석유통 따위를 만드는 데에 쓴다.

체온표(體溫表)

어항 안
게으른 금붕어

나비 같은 넥타이를 달고 있기에
나는 무엇을 하면 옳겠습니까

나래 무거운 회상에 어두운 거리
하나님이시여! 저무는 태양
나는 해바라기 모양 고개 숙이고 병든 위안을 찾아다니어

고층의 건축이건만
푸른 하늘도 창 옆으로는 가차이[19] 오려 않는데
탁상에 힘없이 손을 내린다.
먹을 수 없는 탱자열매 가시낭구[20] 향내를 코에 대이며 ……

---

19 가차이 : '가까이'라는 뜻의 전라도 사투리.
20 낭구 : 나무의 사투리.

주판알을 굴리는 작은 아씨야
너와 나는 비인 지갑과 사무를 바꾸며
오늘도 시들지 않느냐
화병에 한 떨기 붉은 장미와 히아신스 너의 청춘이, 너의 체온이 ……

The Last Train

저무는 역두(驛頭)에서 너를 보냈다.
비애야!

개찰구에는
못 쓰는 차표와 함께 찍힌 청춘의 조각이 흩어져 있고
병든 역사(歷史)가 화물차에 실리어 간다.

대합실에 남은 사람은
아직도
누굴 기다려

나는 이곳에서 카인을 만나면
목 놓아 울리라.

거북이여! 느릿느릿 추억을 싣고 가거라
슬픔으로 통하는 모든 노선이
너의 등에는 지도처럼 펼쳐 있다.

무인도

나의 지대함은 운성(隕星)[21]과 함께 타버리었다

아직도 나의 목숨은 나의 곁을 떠나지 않고
언제인가 그 언제인가
허공을 스치는 별납[22]과 같이
나의 영광은 사라졌노라

내 노래를 들으며 오지 않으려느냐
독한 향취를 맡으러 오지 않으려느냐
늬는 귀 기울이려 아니하여도
딱다구리 썩은 고목을 쪼읏는[23] 밤에 나는 한 걸음 네 앞에 가마

표정 없이 타오르는 인광(燐光)이여!
발길에 채는 것은 무거운 묘비와 담담한 상심

---

21 운성(隕星) : 유성(流星).
22 별납 : '별빛'의 오식으로 보인다.
23 쪼읏는 : 쪼는.

천변 가차이 까마귀 떼는 왜 저리 우나
오늘 밤 아 오늘 밤에는 어디쯤 먼 곳에서
물에 뜬 송장이 떠나오려나

헌사(獻詞) Artemis

마귀야 땅에 끌리는 네 검은 옷자락으로 나를 데려가거라
늙어지는 밤이 더욱 다가들어
철책 안 짐승이 운다.[24]

나의 슬픈 노래는 누굴 위하여 불러왔느냐
하염없는 눈물은 누굴 위하여 흘려왔느냐[25]
오늘도 말 탄 근위병의 발굽소리는
성 밖으로 달려갔다.

나도 어디쯤 조그만 카페 안에서
자랑과 유전(遺傳)[26]이 든 지갑 마구리[27]를 열어 헤치고
만나는 청년마다 입을 맞추리

---

24 원 발표문(『청색지』, 1938. 11)에는 "두엄가에 개짖는소리 유난히 凄涼하구나."로 되어 있으나, 남만서방 본에서부터 위와 같이 개작되었다.
25 원 발표문에서는 여기서 연을 나누었고, 남만서방 본은 여기에서 페이지가 달라졌는데, 이후 판본들은 이를 이어진 것으로 보아 2연을 4행으로 편집하였고, 이남호 본만 여기서 연을 나누어 모두 7연의 시가 되었다. 여기서는 남만서방 본을 따라서 연을 나누지 않았다.
26 유전(遺傳) : 물려받아 내려옴. 또는 그렇게 정함.
27 마구리 : 길쭉한 토막, 상자, 구덩이 따위의 양쪽 머리 면. 길쭉한 물건의 양 끝에 대는 것.

충충한 구름다리 썩은 기둥[28]에 기대어 서서
기이한 손님아 기다리느냐
붉은 집 벽돌담으로 달이 떠온다[29]

저 멀리서 또 이 가차이서도
나의 오장에서도 개울물이 흐르는 소리
스틱스[30]의 지류(支流)인가 야기(夜氣)에 번쩍거리어
이 밤도 또한 이 밤도 슬픈 노래는 이슬비와 눈물에 적시웠노니[31]

청춘이여! 지거라
자랑이여! 가거라
쓸쓸한 너의 고향에 ……

---

28 원 발표문에서 "썩은기둥"으로 되고, 남만서방 본부터 "썩은은기둥"으로 되어 있으나 오식으로 보여 바로 잡았다.
29 원 발표문은 "고궁의 담장에도 달이기울면 / 키가큰內官들이 기왓장을 더듬어간다"로 되어 5연 이 4행으로 되어 있다.
30 스틱스 : 그리스 신화에서 하데스가 지배하는 죽음의 세계와 현세를 가르는 강물. 카론이라는 사공이 죽은 자를 건네다 준다.
31 남만서방 본에서 "적시윗노니"로 되어 피동의 의미가 들어있으나, 최두석 본에서는 "적시었노 니"로 되어 있고, 김학동 본의 경우는 "적셔졌노니"라고 하여 피동의 의미를 살리고 있다. 여기 서는 어감과 의미를 모두 살려 "적시웠노니"로 표기하였다.

싸느란 화단

싸느란 제단이로다
젖은 풀잎이로다

해가 천명(天明)[32]에 다다랐을 때
뉘 회한의 한숨을 들이키느뇨

짐승들의 울음이로라
잠결에서야
저도 모르게 느끼는 울음이로라

반추하는 위장과 같이
질긴 풍습이 있어
내 이 한밤을 잠들지 못하였노라

석유불을 마시라

---

32 천명(天明) : 날이 막 밝을 무렵.

등잔 아울러 삼켜버리라
미사 종소리
보슬비 모양 흐트러진다

조그만 어둠을 터는 수탉의 날개
싸느란 제단이로다
기온이 얕은 풀섶이로다

언제나 쇠창살 밖으론
떠가는 구름이 있어
야수(野獸)들의 회상과 함께 자유롭도다

북방(北方)의 길

눈 덮인 철로는 더욱이 싸늘하였다
소반 귀퉁이 옆에 앉은 농군에게서는 송아지의 냄새가 난다
힘없이 웃으면서 차만 타면 북으로 간다고[33]
어린애는 운다 철마구리[34] 울듯
차창이 고향을 지워버린다
어린애가 유리창을 쥐어뜯으며 몸부림친다

---

33 남만서방 본에서는 여기서 페이지가 나누어져 있다. 나머지 판본들은 한 연이 이어진 것으로 보아 이 시를 하나의 연으로 처리했으나, 김재용 본에서는 연을 나누어 모두 2연이 되었다. 여기서는 남만서방 본을 따라서 연을 나누지 않았다.
34 철마구리 : 청개구리.

상렬(喪列)

고운 달밤에
상여야, 나가라
처량히 요령 흔들며

상주도 없는
삿갓가마[35]에
나의 쓸쓸한 마음을 싣고

오늘 밤도
소리 없이 지는 눈물
달빛에 젖어

상여야 곱다
어두운 숲 속
두견이 목청은 피에 적시어……

---

35 삿갓가마 : 초상(初喪) 중에 상제가 타던 가마. 가마의 가장자리에 흰 휘장을 두르고 위에 큰 삿갓을 씌웠다.

영원한 귀향

옛날과 같이 옛날과 조금도 다름이 없이
밤마다
바다는 희생을 노래 부르고

항상 돌이키고 다시 돌따서는[36]
고독과 무한한 신뢰에
바다여!
내 몸을 쓸어가는 성낸 파도

부두에 남겨둔 애상은 어떤 것인가

진정 나도 진정으로 젊은이를 사랑했노라.
왔다는 다시 갈 오 영원한 귀향

계후조(季候鳥)는 떠난다.
암초에 세인트헬레나에 흰 새똥을 남기고.

---

36 돌따서다 : 돌이켜 일어서다.

영회(咏懷)[37]

후면에 누워 조용히 눈물 지어라.
다만 옛을 그리어
궂은비 오는 밤이나 왜가새[38] 나는 밤이나

조그만 돌다리에 서성거리며
오늘 밤도 멀리 그대와 함께 우는 사람이 있다.

경(卿)이여!
어찌 추억 위에 고운 탑을 쌓았는가
애수가 분수같이 흐트러진다.

동구 밖에는 청냉(清冷)한 달빛에
허물어진 향교 기왓장이 빛나고
댓돌 밑 귀뚜리 운다.

---

37 영회(咏懷) : 회포를 시가로 읊음.
38 왜가새 : 왜가리.

다만 울라
그대도 따라 울으라

위태로운 행복은 아름다웠고
이 밤 영회(咏懷)의 정은 심히 애절타
모름지기 멸하여 가는 것에 눈물을 기울임은
분명, 멸하여 가는 나를 위로함이라. 분명 나 자신을 위로함이라.

적야(寂夜)

적요한 마음의 영지(領地)로, 검은 손이 나를 찾아 어루만진다. 흐르는 마을의 풍경과 회상 속에서 부패한 침목(枕木)[39]을 따라 끝없이 올라가는 녹슨 궤도와 형해(形骸)조차 볼 수 없는 죄그만 기관차의 연속하는 차바퀴 소리.

기적이 운다. 쓸쓸한 마음속에만이 들려오는 마지막 차의 울음소리라, 나는 얼결에 함부로 운다. 그래, 이 밤중에 누가 나를 찾을까 보냐. 누가 나에게 구원을 청할까 보냐.

쇠잔한 인생의 청춘 속에 잠기는 것은 오직 묘지와 같은 기억과 고적(孤寂)뿐 이도 또한 가장 정확한 나의 목표와 같다 기적이여! 울으라 창량(愴凉)히 …… 종점을 향하는 조그만 차야! 너의 창에 덮이는, 매연이나 지워버리자 지워버리자

---

[39] 침목(枕木) : 선로 아래에 까는 나무나 콘크리트로 된 토막.

나폴리의 부랑자

어둠과 네온을 뚫고 적은 강물은 나폴리로 흘러내렸다.
부두에 묵묵히 앉아
청춘은 어떠한 생각에 잠길 것인가,
항구의 개울은 비린내에 섞이어 피가 흘렀다.
무거이 고개 숙이면
사원의 종소리도 들려오나
육중한 바닷물은, 끝없이 출썩거리어[40]
기단 지팡이로 아라비아 숫자를 그려보며 마른 빵쪽을 집어던졌다.
글쎄 이방(異邦) 귀족이라도 좋지 않은가[41]
어느 나라 삼등선에서 부는 보일러 소리
연화가(煙花街)[42]의 계집이 짐을 내리고[43]
공원 가차이 비둘기 떼는 구구 운다
도미노[44]의 쓰디쓴 웃음을 웃으나

---

[40] 원 발표문(『비판』, 1939.1)에서는 7행, 8행을 하나로 합쳤고, 20행과 21행이 첨가되어 모두 23행으로 되어 있고, 나머지 판본은 모두 22행으로 되어 있다.
[41] 원 발표문에는 여기에 "안개는 포근─하나리고"가 삽입되어 있으나, 이후 판본에는 없다.
[42] 연화가(煙花街) : 유락가, '연화'는 기녀를 의미함.
[43] 최두석 본에서는 여기서 연을 나누어 모두 2연의 시가 되었다.
[44] 도미노 : 김학동 본에서는 도미노를 가장무도회 때 쓰는 복면 두건, 또는 두건이 붙은 외투를 의

마지막 비로드의 검은 망토를 벗어버리나

붉은 벽돌담에 기대어 서서 떠가는 구름 바라보면 그만 아닌가

밤이면 흐르는 별이며 작은 강물에 나폴리는 함촉이[45] 젖어

충충한 가로수 아래

꽃 파는 수레에도 등불을 끈다.

호젓한 뒷거리에 휘파람 불며[46]

네가 배울 것은 네가 생각하는 것은 무엇이겠나

말없이 담배만 빨고 돌층계에 기대어 앉아

포도(鋪道) 위의 야윈 조약돌을 차내 버리다.

미한다고 본다.
45 함촉이 : 함빡.
46 원 발표문에서는 "쓸쓸한 술도보내고 / 벗도 집도 보내고"로 되어 있는데, 남만서방 본에서부터 "호젓한 뒷거리에 휘파람 불며"로 개작되었다.

불길한 노래[47]

나요. 오장환이요. 나의 곁을 스치는 것은, 그대가 아니요. 검은 먹구렁이요. 당신이요.
외양조차 날 닮았다면 얼마나 기쁘고 또한 신용하리요.
이야기를 들리요. 이야길 들리요.
비명조차 숨기는 이는 그대요. 그대의 동족뿐이요.
그대의 피는 거멓다지요. 붉지를 않고 거멓다지요.
음부 마리아 모양, 집시의 계집애 모양,

당신이요. 충충한 아구리[48]에 까만 열매를 물고 이브의 뒤를 따른 것은 그대 사탄이요.
차디찬 몸으로 친친이 날 감아주시요. 나요. 카인의 말예(末裔)요. 병든 시인이요. 벌(罰)이요. 아버지도 어머니도 능금을 따먹고 날 낳았소.

기생충이요. 추억이요. 독한 버섯들이요.

---
47 이 시는 남만서방 본에 처음 발표되었다.
48 아구리 : '아가리'의 북한어. 무엇을 집어삼켜 없애는 것을 비유적으로 이르는 말.

다릿한 꿈이요. 번뇌요. 아름다운 뉘우침이요.

손발조차 가는 몸에 숨기고, 내 뒤를 쫓는 것은 그대 아니요. 두 엄자리에 반사(半死)한 점성사, 나의 예감이요. 당신이요.

견딜 수 없는 것은 낼룽대는 혓바닥이요. 서릿발 같은 면도날이요. 괴로움이요. 괴로움이요. 피 흐르는 시인에게 이지(理智)의 프리즘은 현기로웁소

어른거리는 무지개 속에, 손가락을 보시요. 주먹을 보시요.

남빛이요— 빨갱이요. 잿빛이요. 잿빛이요. 빨갱이요.

황무지[49]

1

황무지에는 거칠은 풀잎이 함부로 엉클어졌다.
번지면 손가락도 베인다는 풀,
그러나 이 땅에도
한때는 썩은 과일을 찾는 개미 떼같이
촌민과 노라리꾼[50]이 북적거렸다.
끊어진 산허리에,
금돌이 나고
끝없는 노름에 밤별이 해이고
논우멕이[51] 도야지 수없는 도야지[52]
인간들은 인간들은 웃었다 함부로
웃었다
   웃었다![53]

---

49 원 발표문(『新選詩人集』, 1940)에서는 1연이 모두 27행으로 되어 있으나, 다른 판본은 20행으로 되어 있다.
50 노라리꾼 : 건들거리며 세월을 보내는 건달들.
51 논우멕이 : 노느매기. 노느매기는 물건을 갈라서 나누는 것.
52 원 발표문에서는 "논우멕이ㅅ 도야지 / 數없는 도야지"로 행을 나누었다.
53 원 발표문에서는 "우섯다"가 두 번 반복되고 있다.

웃는 것은 우는 것이다

사람쳐놓고 원통하지 않은 놈이 어디 있느냐![54]

폐광이다

황무지 우거진 풀이여!

문명이 기후조(氣候鳥)와 같이 이곳을 들러 간 다음

너는 다시 원시의 면모를 돌이키었고

엉클은 풀 우거진 속에 이름조차 감추어가며 ……

벌레 먹은 낙엽같이 동구(洞口)에서 멀리하였다

2[55]

저렇게 싸느란 달이 지구에 매어달려

몇 바퀴를 몇 바퀴를 몇 바퀴 …… 를 한없이 돌아나는 동안

세월이여!

너는 우리게서 원시의 꿈도 걷어들였다

---

54 원 발표문에서는 "사람들은 몰리면 싸우고 몰리면 쥐어뜯엇다."가 삽입되어 있다.
55 원 발표문에서는 2가 모두 96행으로 되어 있으나, 남만서방 본부터 16행으로 축소되었고 내용상의 개작이 이루어졌다. 원 발표문은 다음과 같다.

비극을 반가히 맞이하는 季節, -陰한 天候에 썩은 물거품이 출렁거리는 貯水池.
어두운 구름이 덮이고
음산한 바람은 휘몰려 ……
限 없는 悔恨을 飼育하는 가을물ㅅ살들
금시!
水門
이 넘 칠ㅅ듯
쏘낙이여! 쏘치라 모-진 비바람과더부러,
딴딴히 갈러진논판도 검어케 썩은 논바닥도
모조리쓰러버려라.
풍, 풍, 도는 모-터와 機械ㅅ소리에 마비가 되어

無感覺하고도 氣力한 두팔을 내여저으며
悲劇을 반가히 맞이하는 靑年들.
希望은, 봄철
노고지리와 함께 구름속에 묻어바리고
나는
생각한다.
아프리카의 砂幕에 食料를 찾어
떼지여 나르는 풀묵지(蝗)의 强烈한 집단
또 그와같은 上代의 遊牧民
統一된 雰圍氣와 情烈의 인行動속에서, 그들은
無數한 屍體를 버리며갓다.
生存에서 生存을 求하야 ……
센치멘탈이 어듸잇느냐!
즐거웁게 즐거웁게 슬픔을 모르는속에
그들은 無數한 無數한 屍體를 버리며갓다.
꿈과 實在를 區別치않은 單純한 思惟에.
生存의權利를 强烈히慾求하는 單純한 思惟에
허나 그들은 길이 永遠의人사람,
또하나 다른나라는, 머리속에- 옛동모를불러주엇다.
洞口앞에 늙은 둥구나무 자라기까지
충충한 그, 그림자 울섶에 딥칠때까지,
그러나 無限한 歲月이다.
썩은 枯木남구에도 뿌리는 깊이位置를찾이하엿고
울타리ㅅ가에 늙은개가, 어두은밤중에 간간히
미처난것도,
그놈의 짓이다
그놈의 짓이다!
독한 가므름에 논판은 龜裂이되고
억수같은 쏘낙이에몰리우는 붉은洪水는, 오- 흙덩이와돌곽만이안이엿섯다.
갈러지는 울음소리에
썩은 용구재와 部落, 部落, 은휩쓸려갓다.
여긔가, 洛東江따래긴가요
여긔가 놀미, 강갱인가요
오-구비처흐르는 슬음의 바다,
떠나려가는 집웅에 몸을실리여
祈禱를 올리는것도 來生을 비는것도
찬송가를부르는것도, 오직 한길 갈릴레아의 바다.
어제도, 오늘도,
침침한 待合室에 가득-채인 災民의 騷?
愴凉한 汽笛을 울리며
北方으로北方으로 만 向한다는 移民車
저러케 싸느란달이 地球에 매여달리여

몃박휘를 몃박휘 …… 를 몃박휘 …… 를限없이돌아나는 동안
버레 울고
시내ㅅ물은 흘럿다.
허나, 人生에는 무엇이 남어잇느냐!
水分이 말러붙은 미이라
에집트砂漠에 말없이앉어잇는 스-핑스
山間에돌ㅅ뎅이
부처쪼가리
사람은 연달어나엇고, 괴로움에 쪼들리며 연달어죽엇다.
巨-찬 齡이여! 너는 어듸잇느냐
이제 몇차례 機械가 繁盛한다음
모-든 ?怠와享樂의물결이 疾病처름 만연한다음
歲月이여!
너는 우리에게서 上代遊牧民이 꾸이든꿈도, 기더렷드럿다.
죽지어진 나의동무는 어듸잇느냐!
나는 火葬場에 타오르는 검은煙氣를 歷歷히보앗다.
매운 쳇죽은 空間에울고
슬픔을 가리운 포장밖으로 싯거머케번지는 道化役의 크단그림자.
우서보이는 人形이다!
腸子한오락지도 묵어워지는 밤의 써커스.
强烈한意慾에 불타오르는 나의 戀人은 어대잇느냐!
琉璃, 眼鏡알에 밤안개는저윽-이서리고
恒 常
꿈이면 보여주는 동무의나라도,
이제 오래인歲月에 退色하여서
나는 꿈ㅅ속 어늬구석에서도 鮮明한色彩를
보지는 못하엿다.
저러케 싸느란달이 地球에매여달리여 몃박휘를
몃박휘를 …… 限없이 돌아나는동안

욱어진 文明이여!
　　엉크른
　　　　풀
偉大한科學
너는 우리에게 무엇을 알려주엇느냐,
嫉視와 怨恨의눈초리로 軌道는 가느즉이 울엇고
선 하폄 하아- 하아- 蒸氣를 품으며……
뜨 내기다! 발간침쟁이,
科學이 매음도는幼兒처름 어즈러울때
뽀-
뽀-
愴凉히 汽笛은 울고

죽어진 나의 동무는 어디 있느냐!

매운 채찍은 공간에 울고

슬픔을 가리운 포장 밖으로 시꺼멓게 번지는 도화역(道化役)[56]의 크단 그림자

유리 안경알에 밤안개는 저으기[57] 서리고

항상

꿈이면 보여주던 동무의 나라도

이제 오래인 세월에 퇴색하여

나는 꿈속 어느 구석에서도 선명한 색채를 보지는 못하였다

우거진 문명이여?

엉클은

   풀

너는 우리게 무엇을 알려주었나

3

광부의 피와 살점이 말라붙은 헐은 도록꼬[58] [59]

폐역(廢驛)에는 달이 떴다

    박아지 종구랙이 소반귀퉁이에 흔들거리며
    어제,도
    또 오늘도 車는 떠낫다.
56 도화역(道化役) : 길을 닦는 일 또는 일꾼.
57 저으기 : '적이'의 잘못. '적이'는 꽤, 어지간한 정도로 라는 뜻.
58 도록꼬 : 탄광에서 사용되는 궤도열차.
59 원 발표문에서는 "鑛夫의 피와 살점이 말러붙은,/ 헐은 도록고"로 행이 나누어졌다.

텅 비인 교회당 다 삭은 생철 지붕에

십자가 그림자

비

  뚜

    로[60]

누이고

양인(洋人) 당인(唐人), 광산가의 아버지. 성당의 목사도

기업과[61]

술집과 여막(旅幕)을 따라 떠돌아가고

궤도의 무수한 침목

끝없는 레일이 끝없이 흐르고 휘이고

썩은 버섯 질긴 비듬풀!

녹슨 궤도에 엉클어졌다

해설피[62] 장마철엔

번갯불이

  쏴―

쏴― 하늘과 구름을 갈라

다이너마이트 폭발에

산맥도 광부도 경기(景氣)도 웃음도 깨어진 다음

---

[60] 남만서방 본에서는 글자를 세로로 비스듬히 배치하여 시각적 효과를 살리고 있다.
[61] 원 발표문에서는 "기업과"가 앞 행에 붙어 있으나 다른 판본에서는 행을 나누었다.
[62] 해설피: 해가 질 때 빛이 약해진 모양.

비인 대합실 문앞에는 석탄 쪼가리

싸느란 달밤에

잉, 잉,

잉, 돌덩이가 울고

무인경(無人境)에

달빛 가득 실은 헐은 도록꼬가 스스로이 구른다

부엉아! 너의 우는 곳은 어느 곳이냐

어지러운 회오리[63] 바람을 따라[64]

---

[63] 회오리 : 원 발표문과 다른 판본들에는 "회리"로 되어 있으나, 김학동 본에서는 "회오리"로 되어 있다. 여기서는 의미를 고려하여 "회오리"로 표기하였다.
[64] 원 발표문은 3연이 모두 74행으로 되어 있고, 4연이 44행으로 되어 있으나, 남만서방 본에서부터 4행으로 생략되어 있다. 3연 29행 이후의 내용은 다음과 같다.

따이나마이트 爆發에
山脈도 鑛夫도 景氣도 우슴도 깨어진다음
荒蕪地는 끔찍한 凶터이엿다.
뻔들 뻔들한 민판에 터러귀가 숭 숭 소치여나고
古都에허트러진 개왓장처름
待合室 門앞에는 石炭쪼가리가 구으른다.
싸느란 달밤에
잉, 잉,
잉, 돌ㅅ뎅이가 울고
無人境에

달빛, 가득~실은 헐은도록꼬가 스스로히구른다.
 구른다.
한밤이밝어오는 부훵이의 울음ㅅ 소리,
어둠을헤치며
　우웅―
우웅―
들리여오고
야므지게 나래껵는 불근올뱀이, 퍼―런눈빛이
서리여 흐르며
機械들이 허구리를 뚤허노흔 충충한廢鑛속,
어두움이 첩첩히접하운 숲,

골자구늘에 山울임은 친다.
갈킷발도 독기날도 번지여보지못한 어두은
숲
도모지가 그-악한 밤이다
부헝이의 올뱀이의 아당찬울음이 典當鋪처리
猖獗하는 밤이다.
부헝아! 너의우는곧은어드냐!
반밤의 사자, 웅큰라진 주둥빽이를 어둠에,
적시여 어둠에적시여,
울다가, 울다가,
등잔ㅅ불 밤눈에써들고 날개푸드득,
삽작밧그로, 목숨을빼앗긴人家에
쥐정꾼이해ㄸ러린 밥찌기모양, 사장밥 황황히 허트러것다.
쪼으려느냐!
쪼으려느냐!
끝없는 絶望의 呪咀의 새암이소사,
어두움 속속, 휘영-찬바람이 도으는 검은 물고인 廢鑛에
孤寂이 번저주는 옷슬한초조,
묵어운炭素와? 坑에 窒息이되야 곡광이채 깔리운 炭夫
요란스러히 구으러나리는 石崩!
싸느란달밤
이런때, 그-굴속에는 그-굴속에는 氷河時代에도 아니 創世紀에도 살었있다는
(묵어운나래, 충충한그림자를 펄럭어리며
까츨한 네(四)발 쌀,쌀 쌀 긔여오르고)
새편도, 또 김승편도아니라는 박쥐의떼,
久遠한 歲月 오-충충한 鬱憤, 검은쬡?이여!
모-진 亡靈 부프른鬼茄
사나운 野獸들이 뜨더먹다내여버린 부스럭이 뼈,
그위에 쉬이고 누읍고 꿈뀌고

바윗틈으로 번지여오는 달빛을 꺼리여가며,
컴컴한 洞窟안에선 어둠의ㅅ새가 나른다.
박쥐가나른다

4
누-런 코ㅅ방울 손등으로씻츠며
땅재먹기에 어린애들 보-안손꾸락도 까마귀발톱처럼 까므래것다.
발바닥이라고 목이맥히고 오아시쓰가 모래施風에
패엿다는 다시 묻히고
隊商
駱駝의등어리 地平線넘어의 사하라 또는 아라비야
길-게 길-게 느러서가는黃昏의 砂?에 붉은 商人들이여!

불길한 뭇 새들아 너희들의 날개가 어둠을 뿌리고 가는 곳은 어느 곳이냐

뻘건둥때기에 土人들이 메고가는
象牙와 眞珠와 毛皮와 麵麴쪽아리
껑껑거리라 우서라
신양개처름 따루는 젊은게집아 飮食物과같은
病든게집아
한동니와 한고장의 風習을 모조리
헌신짝 처름 버서부치고
말없는 총부리와 뜻없는 싸홈에 단추꼬다리를버서부치고
더웁다. 攝氏 四十二度
外人部隊는 땀을 흘렷다.
보라!
오늘도 烈砂의 끝으로
말방술소리 처량하우다.
이러한 땅에도 이런따에도
두터운입술과 두터운皮膚로 仙人掌은 能히 茂盛할것만
仙人掌이여!
손발을 갓이않은 묵어운植物들이여!
너이들이 뜨든 뜨든 살고잇는 붉은모새불
驟雨와같이 몰려단이는 뜨거운 砂煙속으로
外人部隊는 묻히러간다
靑春도 希望도 欲求도 追憶도.
毒蛇를 熱愛하는 土人의 피릿소래 들려온다
들리어온다
북소리 둥 둥 둥
하―얀 天幕속으로 꺼집어내는 火藥이여!
꺼집어 들이는 貿易品이여!
모―든 밤은 商業에서시달린 一生이라
두팔을들어 歡迎하는 굴뚝을보라!

씩―씩― 뽑아올나간 굴뚝
검은野心에 끄은저울르는 검은 煙氣에
밤까지 끌어나리는 夜業의 밝은窓속에
대정깐에 사그러불는 납동과같이
사람들의 意志는 사그러붓고
숫한絶望과 無氣力속에
自墮落의술을마시며
젊은意志는 못쓰는機械와같이 삭어버린다.
生産이多量으로되여나오는 工場의 商品이여!
傾向이多量으로 쏠리여가는 靑年들의 데까단스여!

해제

『헌사』(오장환) 원전비평 및 정본화

이 책은 오장환의 시집 『헌사』에 대한 원본비평 및 정본화 작업을 수행한 결과물이다. 그간 오장환의 시집은 다양한 판본으로 출간되었다. 그 과정에서 원본의 표기법이나 의미가 변형된 형태로 출간되어, 텍스트의 원래 의미가 훼손되는 경우도 있었다. 본 연구는 최근까지 출간된 주요 판본들을 정밀하게 비교, 검토하여, 맞춤법과 표기상의 오류를 바로 잡고, 어휘의 정확한 의미를 고찰하였다. 이러한 과정을 통해 오장환 시의 원형을 복원하여, 『헌사』의 정본화 작업을 수행하였다. 작업의 구체적 진행은 다음과 같다.

1. 저본 선정과 비교 판본

오장환의 시집 『헌사』 초판은 1939년 남만서방에서 발간되었다. 1947년에 재판이 발행된 첫 시집 『성벽』과 달리, 『헌사』는 재판이 발행되지 않았다. 이 연구에서는 '작가 생존의 최후 판본'을 저본으로 삼는다는 기준 설정에 따라, 초판본 『헌사』을 저본으로 삼았다.

· 기본 판본

오장환, 『헌사』(남만서방, 1939)

1) 기준 판본 및 비교 판본

① 원 발표문

② 초간본 : 『헌사』(남만서방, 1939)

③ 최두석 본 : 『오장환 전집』1(창작과비평, 1989)

④ 김재용 본 : 『오장환 전집』(실천문학사, 2002)

⑤ 김학동 본 : 『오장환 전집』(국학자료원, 2003)

⑥ 이남호 본 : 『헌사』(열린책들, 2004)

2) 기타 참고 판본

『성벽』· 『헌사』(기민사, 1987)

『월북작가대표문학』18(서음출판사, 1989)

『병든서울』(미래사, 1991)

2. 판본 대조 과정에서 나타난 각 판본의 특징

오장환의 시집은 월북 문인에 대한 해금조치가 이루어진 1988년 이후에 본격적으로 출간되기 시작하였다. 현재까지 전집의 형태로 출간된 시집은 최두석 편,『오장환전집』1·2(창작과비평, 1989), 김재용 편『오장환 전집』(실천문학사, 2002), 김학동 편,『오장환전집』(국학자료원, 2003) 등 모두 3종이다. 이 전집들을 기준으로 하여 원전비평의 텍스트를 다음과 같이 선정하였다. 각 비교 대상 판본의 특징은 다음과 같다.

③ 최두석 본 : 1989년 최초의 전집 형태로 출간되었다는 점에서 의미가 있으며, 띄어쓰기, 맞춤법 등을 대부분 현대어로 바꾸었으나, 당시의 표기를 그대로 따른 경우도 있고 한자어 표기(다소 자의적으로 이루어짐)에도 일관성이 없다.

④ 김재용 본 : 띄어쓰기, 맞춤법을 현대어로 바꾸었으며, 시어의 특성상 고유성이 드러나는 것은 저본을 따르고 있다.

⑤ 김학동 본 : 1937년 풍림사 본을 그대로 따랐으나, 띄어쓰기만을 현대적으로 바꾸었다.

⑥ 이남호 본은 2004년 열린책들 '초간본 총서'로 발행되었다. 이 판본은 초간본을 기준판본으로 하여, 정본화 작업을 거친 것이다. 이 판본은 모든 표기를 현대어로 바꾸고, 사투리를 거의 표준어화 했으며(예 : 고웁다 → 곱다), 한자의 경우도 꼭 필요한 부분만을 괄호 속에 넣었다. 그러나 시어를 현대어로 바꾸어 놓아 시적 어감을 놓치는 부분이 눈에 띄고 편집상의 오류도 발견되었다.

3. 원전비평의 진행

원전비평은 시적 어감과 호흡을 훼손하지 않으면서 현대화된 정본을 수립하는 것을 목표로 한다. 본 연구의 일차적 의미는 가능한 한 오류를 줄이고 완성된 정본을 구성해낸 점에 있다고 하겠다. 본 연구에서는 가능한 한 원 발표문과 대조를 통해서 비교판본들 사이의 변화를 추적하였다. 다양한 판본 대조 과정에서 각 판본 간의 차이점을 명시적으로 확인할 수 있었으며, 시기에 따른 판본의 형태적 변화를 확인할 수 있었다. 또한 초판본에서 가장 최근에 출간된 판본에 이르기까지 행갈이, 연갈이를 비롯한 형태적 문제와 맞춤법, 조사의 누락 등 크고 작은 오류들이 발견되었으므로, 이를 교정하였다.

구체적인 과정에서 다음과 같은 작업이 수행되었다.

1) 판본대조

각 판본의 대조를 통해 개별 판본 간의 차이와 변화를 살펴보고 오류를 수정하였다. 시 「나폴리의 부랑자」의 경우를 예로 들면 다음과 같다.

1연 7행

육중한 바닷물은, 끝없이 출썩거리어

① 육중한 바닷물은 끝업시 출석어리어 기-단 집행이로 아라비아 數字를 그려보며 말른 빵쪽을 집어던것다.

②⑤ 육중한 바다물은, 끝없이 출석어리여

③ 육중한 바닷물은, 끝없이 출석어리어
④ 육중한 바닷물은, 끝없이 출썩거리어
⑥ 육중한 바닷물은, 끝없이 철석거리어

1연 8행
기단 지팡이로 아라비아 숫자를 그려보며 마른 빵쪽을 집어던졌다.
① -
②⑤ 기-단 집행이로 아라비아 數字를 그려보며 말른 빵쪽을 집어던젓다.
③ 기단 지팽이로 아라비아 숫자를 그려보며 말른 빵쪽을 집어던졌다.
④ 기단 지팡이로 아라비아 숫자를 그려보며 마른 빵쪽을 집어던졌다.
⑥ 기다란 지팡이로 아라비아 숫자를 그려 보며 마른 빵쪽을 집어던졌다.

1연 9행
글쎄 이방(異邦) 귀족이라도 좋지 않은가
① 글세, 異邦貴族이라도 조치안흔가
　　안개는 포근-하나리고
② 글세 異邦貴族이라도 조치않은가
③ 글쎄 이방귀족이라도 좋지 않은가
④ 글쎄 이방 귀족이라도 좋지 않은가
⑤ 글세 異邦貴族이라도 조치 않은가

⑥ 글쎄 이방(異邦) 귀족이라도 좋지 않은가

판본 대조를 통해서 시형의 변화를 추적할 수 있었다. 위에서 보듯 ①에서는 7, 8행을 하나로 합쳤으며, 그리고 뒤에 20, 21행이 첨가되어 모두 23행으로 되어 있고, 나머지 본은 모두 22행으로 되어 있다. 9행의 '안개는 포근—히나리고' 다른 판본에 없고 ①에만 삽입되었다.

2) 개작이나 편집에 의한 변화 추적

『성벽』에 비해서 『헌사』의 경우는 개작이 크게 이루어지지 않았다. 판본 비교를 통해서, 개작, 편집 상의 오류를 바로잡았다.

・「나의 노래」에서 원문에서는 '사랑보다 다슷하고니'로 되어 있어, 이후 판본들이 '고나'(감탄), '거니'(연결형)으로 하였으나, 여기서는 감탄의 의미가 적절하다고 판단되어, '하고나'로 함.

・「북방의 길」은 ②에서는 페이지가 나누어져 있다. 나머지 판본들은 한 연이 이어진 것으로 보아 이 시를 하나의 연으로 처리했으나, ⑤만 연을 나누어, 모두 2연의 시로 보았다. 여기서는 저본에 따라서 한 연으로 확정하였다.

3) 오류의 수정

초판본에서 최근에 출간된 판본에 이르기까지 행갈이와 연갈이의 문제와 맞춤법, 조사의 누락, 어휘변화 등의 오류가 발견되었으므로, 이를 바로 잡았다. 비교한 판본들은 『헌사』(남만서방 본)을 계승하고 있으므로, 판본 비교 과정을 통해서 큰 오류나 차이를 발견할 수는 없었다. 그러나 몇 가지 명백한 오류가 나타난바, 이를 수정하였다. 그 예는 다음과 같다.

• 「나의 노래」 ②에서 3연 1행부터 8연 2행까지 누락되어 있다. 이는 출판 상의 오류로 보이는데, 다른 판본에서는 이를 복원하였으나, ⑥의 판본에서는 이 부분을 모두 누락한 채 9연으로 건너 뛰어, 모두 3연의 시로 편집하고 있다. ②⑥에서 누락되었던 부분 즉 3연부터 8연2행까지가 시 「석양」에 삽입되어, 이 시를 총 9연의 시로 만들어 놓았다. 이는 영인본을 만들 때 생긴 착오로 보이는바, 이를 ⑥의 판본이 그대로 따르고 있어 생긴 문제로 판단되어 바로 잡았다.

4) 시어의 표기 확정

원전비평의 가장 큰 문제는 시 장르의 특성상 시인 특유의 어감과 어법을 살리는 문제이다. 특히 정본을 확정하는 과정에서 사투리를 표준어로 바꾸는 과정에서, 어느 정도까지 표준어로 바꿀 것인가는 미묘한 문제가 제기되었다. 시인의 시적 개성과 의도를 살리기 위해서 조어와 고유어는 최대한 원본을 존중하여 그대로 표기하였다. 그 예는 다음과 같다.

• 「체온표」 : '가차이'는 '가까이'의 방언, '낭구'는 나무의 방언으로 이를 살려서 표기함.
• 「무인도」 : '쪼웃는'은 '쪼는'의 뜻이나 어감을 살려 그대로 표기함.

• 「불길한 노래」 : '이야길 들리요'는 비문이나 시인의 의도를 살리기 위해 그대로 표기함.

4. 원전비평의 의의

① 저본 : 작가 생존의 최후 판본을 저본으로 삼는다는 기준 설정에 따라, 초판본 『헌사』(남만서방, 1939)을 저본으로 삼았다. 시 전체의 편제 및 구체적 행과 연의 구성은 이 시집의 구성에 따른 것이다.
② 표기법 : 정본의 표기법은 현대 표기법을 기준으로 한다. 다만, 사전에 나와 있지 않은 단어나 시인의 독특한 표현, 혹은 시적 어감이 보다 더 효과적이라 판단되는 경우는 예외로 삼고, 각주로 처리한다. 또 현대 표기법에 어긋나더라도 시어의 음절 수는 시의 리듬과 관련된 부분이기 때문에 바꾸지 않으며, 필요한 경우 고어나 방언 역시 그대로 남겨 두고 각주로 처리한다.
③ 한자 : 시의 모든 한자는 대부분 국어로 바꾸되, 필요한 경우는 괄호 속에 병기한다.
④ 어휘풀이 : 각주에서 다루되, 사전적 의미와 선행 연구자들의 견해를 모두 밝혀주고, 새롭게 검증된 내용을 함께 수록한다.

• 정본 표기의 기술적 원칙 및 일러두기

① 본 연구에서는 판본대조와 정본화 작업을 동시에 진행한다.

② 판본대조의 경우는 각 판본에서 나타나는 오자, 탈자, 구절의 누락된 부분 등을 비교, 검증하여 교정·복원하였으며, 표기법의 변화에 따른 어휘의 변화 등을 고찰한다.

③ 초판본 자체의 오류를 교정한다. 맞춤법의 오류나 탈자 된 부분을 각주에 명기하고 복원한다.

④ 정본의 표기법은 현대어 표기법을 취하되 시적 어감을 살리기 위한 개인어, 사투리 등은 시적 정조와 호흡을 가능한 유지하는 것을 원칙으로 한다. 한글 표기를 원칙으로 하되, 한자는 필요에 따라 괄호 안에 제시한다.

⑤ 어휘풀이는 각주에서 다루되, 사전적 의미와 선행 연구자들의 견해를 모두 밝혀주고, 새롭게 검증된 내용을 함께 수록한다.

⑥ 연이 나누어지지 않은 산문시의 경우는, 필요에 따라 행을 구분하여 판본대조를 수행한다.